KB140332

김길환의 탭댄스 이야기
Vol.1

김길환의 탭댄스 이야기 Vol.1
초판발행 | 2020년 10월 30일
저자 | 김길환
발행인 | 박찬우
편집인 | 우현
펴낸곳 | 파랑새미디어

등록번호 | 제313-2006-000085호
서울특별시 마포구 서교동 357-1 서교프라자 318
전화 | 02-333-8311
팩스 | 02-333-8326
메일 | adam3838@naver.com

가격 : 12,000원
ISBN : 979-11-5721-138-8
ISBN : 979-11-5721-137-1 14680(set)

들어가는 글

내게 탭댄스라는 예술의 재능을 주신

하나님께 감사드리며

이곳에 내게 깨우쳐 주신

탭댄스의 수많은 이야기들을 남깁니다

● 목 차

ART
OF
TAP

탭댄스 소리는 틀이 없기에

무한한 틀을 만들 수 있습니다

음악과 함께 하는 탭댄스는

엄밀히 따지게 되면

음악 속에 갇힐 수밖에 없구나

스텝을 헛치는 것을 용납할 것이냐
탭댄스의 이 문제는 손이 아닌 발이기에
물론 쉽게 치기는 어렵습니다
허나 용납될 수는 없습니다
그것은 발로 리듬을 연주하는 것이기에
탭소리가 나와 줘야 하는 부분에서 빼 먹는다면,
그건 연주의 단계로는 못 가게 됩니다

행여 소리의 단계로는 가능할 수도 있을 것입니다
그러나 그것 또한 정확히 하다가도 순간 헛치게 되면 흐름이 끊어질 수가 있습니다
그러니 그것도 앞뒤의 흐름을 정확히 해야 할 것입니다

역시 탭댄스는 이래나 저래나 무조건 정확히 치도록 연습을 해야 합니다
거기다가 스텝을 밟는 힘 조절에 따라 음이 또 달라지니
그것도 알고 있어야 될 것입니다

탭댄스를 잘 하려면
우선 리듬감이 있어야 할 것입니다
탭댄스는 발로 소리를 내며 관객에게 들려줘야 하는 것이니
소리가 제대로 나지 않으면 누가 듣고 좋아 하겠습니까

그 다음 깊은 단계로 들어가면 감각과의 싸움이 될 것입니다
감각에는 육신이 지니고 있는 오감은 물론
육감을 넘어서 영감까지도 필요할 것입니다
특히 정신과 육신이 피곤하게 되면 근육과 세포가 무디어져서
리듬을 구사하는데 더욱 힘겹게 됩니다

그러니 마음과 육신의 좋은 최상의 컨디션을 늘 유지하고
탭댄스에 임하는 것이 중요합니다

탭댄스 리듬에 대해서

탭댄스의 리듬을 제대로 맞추려면
발목의 스냅(돌림)을 잘 써야하고
발가락으로 중심을 잡아 몸을 지탱하는 힘이 있어야 합니다

기름칠 한 기계가 잘 돌아가듯이
발목이 시원스레 움직이고
축이 되는 발가락은 몸을 딱 버텨주어야 합니다

그래야 발로 구사하는 음이 고조 장단을 다 맞출 수 있습
니다

탭댄스와 신경—
탭댄스 작품을 하다보면
괜히 근육도 흥분해서 같이 저리는 느낌이 오는 경험이
있을 때가 있습니다
이런 현상이 오는 이유는
연습할 때 힘겹게 몸과 마음을 가누어서 그런 것입니다

연습 때 힘겹게 했었고 잘 안되던 기억이 몸에 저장되어
있으니
고난도 스텝을 보면 그 때의 기억이 다시 일깨워지는 것
입니다
이는 안 좋은 소리를 한 번 귀에 들어 뇌에 저장되어 있으면
괜히 좋게 보이던 것도 안 좋게 느껴지는 심리가 발동하
는 것과 비슷합니다
예민한 사람일 수록 이 문제는 더욱 크게 다가오게 됩니다

이런 문제를 뛰어넘으려면
아예 잘 되는 기억만을 몸에 저장시켜 놓아야 합니다
몸의 신경 속에 잘 되는 스텝만을 저장해 놓으면
그 기억이 스텝을 구사할 때 자신감을 갖게 하는 것입니다

결국 긍정적 사고가 최고의 기술을 구사하는데 있어 엄청
난 좌우를 하는 것입니다
우리의 인생 법칙도 이와 같이 이러합니다

탭댄스 중 동작은
억지로 꾸며대는 게 아니라
그냥 자기가 느껴지는 것을 표현하면 됩니다

그 표현을 예술적으로 만드는 것입니다
자기 자신이 예술체가 되면 되는 것입니다

그룹으로 안무를 짜서 정형적으로 표현을 해야 하는 경우
라면 맞춰야 하지만
그것이 아니라면 동작은 자유롭게 하면 됩니다

탭댄스 작품을 구상할 때
음을 만드는 것은 서로의 조화입니다

탭댄스의 리듬은 기본 음악과 맞물려서 똑같이 스텝을 만들면서도
음과 함께 화음을 넣어 주는 것이 좋습니다

또는 탭의 음은 탭 소리 자체로도 존재할 수 있으니
음악과 상관없이 본인이 원하는 대로 구상할 수도 있습니다

하나, 골반이 아픈 경우가 있는데
그것은 충분히 뼈와 근육을 풀어주고 시작하지 않아서입
니다
이런 상황을 대비하여 항상 준비 운동을 충분히 해 준 다음
마무리 운동까지 해 주어야 합니다

둘, 탭댄스를 하게 될 때 발가락을 계속 심하게 움직이면서
발목에 힘을 갑자기 강하게 주게 될 때
정강이가 아릴 때가 있습니다
이럴 때는 그냥 쉬도록 해야 합니다
이런 현상은 발에 갑작스러운 힘을 가해 그런 것입니다
워밍업의 하다가 실수를 한 경우입니다

셋, 탭슈즈를 신고 어떤 바닥에서 하게 될 때(예:합판)
발바닥을 묘하게 무엇으로 속깊이 찌르는 듯한 느낌이 올
때가 있습니다
이것은 바닥이 발의 충격과 중심을 제대로 흡수를 못하여서
발바닥의 한 부분에 그 충격과 중심이 집중되어 쏘아대는
것입니다
이것은 바닥이 문제가 있는 것이니 바닥을 교체해야 합니다

넷, 발레는 탭댄스를 하기 전에 상당히 좋은 워밍업입니다
발레는 포인트 동작에서 발목과 발가락을 많이 쓰기에
시원스럽게 발이 풀리게 되어
나중에 탭댄스를 하게 될 때 훨씬 수월하게 됩니다

다섯, 보통 탭댄스를 할 때는 무릎을 끝까지 펴지 않도록 합니다

무릎에 갑자기 무리를 주면서 펴게 되면 관절에 이상이 오게 됩니다

무릎은 한 번 다치게 되면 계단을 오를 때는 별 탈이 없어도 계단을 내려올 때는 상당히 무릎이 아리게 됩니다

이런 상황은 최하 3주 정도 지속되는 아픔이기에 연습자체도 할 수가 없게 됩니다

더 심해지면 고질병이 되는 수도 있으니

그러니 아예 무릎은 미리 조심하도록 해야 합니다

특히 셔플(Shuffle) 할 때 무릎을 팍팍 펴면서 하는 것을 처음 배우는 사람은 특히 조심해야 하고

나중에 하는 사람도 무릎을 팍팍 펴면서 마구 하면 안됩니다

여섯. 새로운 스텝을 배울 때는 기존과는 달리

자기가 알던 발모양과 다른 것이기에 당연히 헤매게 됩니다

이런 것은 자연스러운 현상이므로 낙심하지 않아야 합니다

일곱, 탭댄스는 발가락을 얼마나 잘 쓰고

발목을 얼마나 잘 돌려가며 활용하느냐에 따라 소리의 빠르기가 좌우됩니다

물론 다른 기관도 무시는 할 수 없지만 이 둘은 정말 중요합니다

피아노 치는 사람이 손가락과 팔이 빨리 자유자재로 움직여야 하듯

이와 같이 그러합니다

여덟. 보통 사람들은 오른발을 쓰기에 이에 맞게 예를 들면
탭댄스를 처음 익힐 때는 오른발을 빨리 습득하게 되는
반면
왼발은 상대적으로 시간이 걸리게 됩니다
그리고 발이 다 완성이 되어 있는 사람들도
피곤하거나 컨디션이 안 좋을 때가 되면 발이 말을 안 듣
게 됩니다
어느 정도 완성이 된 탭댄서라면
오른발은 빠르고 신속한 소리를 유발하고
왼발은 정확하고 편안한 소리를 이끌어 내게 됩니다

아홉, 깊은 단계에 들어가면 자신의 발소리로 연주를 할
수 있게 됩니다
발의 리듬으로 음의 강약, 고저, 장단을 다 표현할 수 있
습니다
문제는 발로 지탱하는 힘조절과 버티는 중심에 달려있습
니다
그리고 더 깊은 것은 자신의 뇌리에 리듬을 외며 발로 옮
겨야 하는 것입니다
육신이 제대로 연마되어 있지 않으면
설사 뇌리에 제대로 음을 왼다 하여도 다리가 그것을 받
아 주지를 못합니다

열, 토드롭(toedrop)을 할 때 발가락을 쓰는 모양에 따라
음도 달라진다는 것도 잊지 말아야 합니다

열하나, 탭댄스는 발가락 예술이라 하여

행여 자신의 다섯 발가락이 안 움직인다고 해서 포기할
필요는 없습니다

엄지발가락만 잘 움직여도 익히는데는 큰 지장은 없습니다

열둘, 발레 하는 사람처럼 토(toe)로 꼿꼿하게 설 때는

발목에 힘을 주어 곧게 서도록 해야 합니다

토로 서면 발톱이나 발가락 등이 상하는 것은 당연합니다

그러니 너무 심하지 않도록 해야합니다

열셋, 탭댄스는 어떤 음악과도 맞출 수 있습니다

소리 자체가 리듬이기에 음악이라면 모든 장르가 가능합
니다

문제는 그것을 소화하는 탭댄서의 기량입니다

열넷, 발스텝을 익히면서 팔 다리가 따로 놀기에 맞추는
게 어렵다 하지만

누구나 마음먹으면 천천히 하면서 다 따로 놀게도 하며
맞추기도 할 수 있습니다

탭댄스 스타일에 대해

혹인들은 그들 특유의 유연성으로 드러나는 탭댄스 스타일이 있습니다

백인들은 그들 나름대로 만들어진 재즈탭 스타일이 있습니다

또한 아이리쉬 탭은 그 형태가 갖추어진 하나의 장르로 존재하고 있습니다

그렇다면 우리나라의 탭댄스 스타일은 어떻게 만들어 나가야 할 것인지 생각해 보게 됩니다

한국인이 좋아하고 한국인의 체형에 맞고 한국스타일이 묻어나는 작품도 좋을 것입니다

탭댄스는 힘과 감정을 지니고 발을 두드릴 때

음정과 리듬을 맞출 수 있습니다

● 취지-탭댄스는 성장기 어린이들의 신체 발육에 있어

무릎 관절과 발목 유연성을 기르는 데 있어 큰
효과가 있습니다

또 탭댄스는 리듬을 스스로 만들어 내기에

음악적 감각 뿐만 아니라

순발력과 민첩성, 더 나아가 중심력을 키우기
위한 근력도

동시에 계발시킬 수 있습니다

어릴 때부터의 탭댄스 조기 교육은

이처럼 아이들의 다양함 감각을 계발시키는데
도움을 줍니다

선생의 생각으로 조급하게
배우는 이들의 진도를 넘겨짚어 마구 진도를 나가면 안
됩니다

선생은 자신이 늘 하던 것이라도 지겹게 생각 말고
항상 새로운 첫 수업의 맘으로 스텝을 일일이 지적해 주
며 봐주고
그에 맞게 한 단계씩 올려주어야 합니다

그룹레슨을 하게 될 때 보이는 모습들은
스텝을 잘 따라오는 이들은 똑같은 스텝을 계속 반복하고
있자니 지겨울 수도 있고
반면 스텝이 잘 안되는 이들은 계속 반복하며 지적을 해
주니 도움이 됩니다

그룹레슨의 장점 하나는 여럿이 함께 하면서
다른 이들의 탭댄스 내는 소리를 들으며 내 소리도 느낄
수 있다는 것입니다

단점 하나는 상대의 소리로 인해
내 리듬도 흐트러지기도 하고
내 실력에 맞게 진도를 맞추기가 어렵다는 것입니다

이런 여러 가지 상황들을 다 겪으며 결국 나머지는 선생
의 몫입니다

선생이 어떻게 지도하느냐에 따라 배우는 이들의 실력이
정해집니다

"잘 가르쳐야 잘 배운다"는 것을 늘 기억해야 합니다

여성분들이 물어오고 궁금해 하는 것 중 하나가 이런 질
문인데
탭댄스를 배우게 되면 살이 빠지는지 궁금해 하는 것입니다

한마디로 대답을 하자면
뭐든 열심히 움직이면서 하면 살이 안 빠질 수는 없습니다

문제는 방법인데
이런 질문을 하는 사람들의 심리는
쉽게 움직이면서 살을 좀 뺐으면 하는 바램이 있는 것입
니다

운동을 열심히 해도 살이 안 빠지는 경우가 있기도 하지만
살이 찌는 첫째 이유는 신경, 정신에 좌우됩니다

이는 상대적으로나 정신적으로 마음이 흐트러지면
많이 먹게 되거나 적게 먹게 됩니다
이 먹는 것이 살찌는 것과 가장 큰 연관이 있습니다

그리고 또 하나
타고난 살이 찌는 체형이 있는데
그것은 자기 체질에 맞게 조절을 하여
살이 안 찌도록 하는 것이 제일 좋은 방법입니다
또 아파서 몸이 부은 것인데 살이 쪄보이는 것도 있습니다

자기 몸을 사랑한다면
먼저 자기 몸이 어떤 체질에 가까운지 알아야 할 것이고
그에 맞는 식생활 습관을 체질화하는 것이
가장 건강하고 무병장수하는 길이 될 것입니다

이는 무용을 하는 사람에게 많이 있는 통증 중 하나입니다

이런 현상이 일어나는 이유는

발가락과 발목에 너무 힘이 들어가거나

힘이 없는 상태에서 다리를 크고 강하게 휘둘러서 종아리
근육이 놀란 것입니다

이런 경우가 나타나는 것을 방지하기 위해서는

아예 시작할 때부터 서서히 몸을 풀며

긴장을 높여 가는 것이 제일 좋습니다

운동이고 여행이고
무엇인가 새로운 것을 한다는 것은 도전을 필요로 합니다

그 도전성이 있는 사람만이
세상을 앞서 나가면서 자기 인생의 주인이 되어서 살아갑
니다

처음에는 부끄럽고 어색하지만
적극성을 가지고 막상 부딪혀보면
의외로 별거 아니라는 것을 알게 되고
결국 자신의 내면에 감추어져 있던 새로운 모습을 발견하
게 됩니다

노력하고 땀 흘리는 자만이 세상의 빛이 될 수 있습니다
그런 마음으로 탭댄스를 시작해야 합니다
그러면 마니아가 될 수 있습니다

혹 그게 아니더라도 그냥 즐기면서 천천히 하면 됩니다

그러나 즐기려는 차원이
지금의 현실을 뛰어넘지 못한다면
역시 탭댄스는 저 멀리 꿈속의 모습이 될 뿐입니다

이 둘은 뗄레야 뗄 수 없습니다

탭으로 곧 리듬을 만드는 것이니

음악적 감각이 없는 사람이

탭댄스를 하기는 참으로 어려운 것입니다

탭을 잘 구사하려면

언제나 뇌리 속에 리듬을 지니고 있어야 합니다

탭은 어떤 장르의 리듬과도 화음을 맞출 수 있기에

한계가 없습니다

리듬에는 고저강약이 있는데

이것은 발을 내딛는 힘으로 조절합니다

한 번씩 시도해 보면 알 수 있습니다

우선 축이 되는 것은 발가락 힘입니다

탭은 발가락으로 얼마나 중심을 잘 잡아주느냐에 따라 좌우됩니다

힘을 딛는 강약을 조절하는 것은 지탱을 하는 발가락 힘으로 좌우됩니다

고저로 음정이 나오게 되는 것

이 단계는 좀 깊은 단계라 할 수 있습니다

탭 징의 모양과 두께

그리고 구두와의 부착 정도

또 바닥의 재질상태 등에 따라 차이가 엄청 크게 나타납니다

중요한 것은 소리에 그 탭퍼의 성격과 정신이 묻어서 들린다는 것입니다

사람의 음성에 군침이 돈 적이 있는지요?

사람의 음성에는 감정을 담을 수 있는데

탭소리에도 그것이 가능할까요?

리듬이 뇌신경을 자극해 군침이 도는 경험도 해 볼 수 있습니다

탭소리는 이렇게 참 묘하게 들리기도 합니다

R - 춤은 중심, 감각이라 하셨습니다

탭댄스를 잘 하려면 중심과 감각이 뛰어나야 합니다

거기다가 또 하나 중요한 것이 리듬입니다

이 세 가지가 탭댄스의 핵심입니다

거기에 부수적으로 따라와야 할 것이 체력, 근력입니다

R - 노래의 기교는 혓바닥 갖고 돌리는 것이라 하셨습니다

탭댄스로 기교를 부릴 때는
발가락을 갖고 놀리면서 발목을 잘 돌리며 구사하는 것입니다

그리고 호흡이 좋아야 노래를 뱀꼬리처럼 쭉 뺄 수가 있다고 하셨는데

탭댄스는 다리힘이 좋아야 소리를 맑고 정확하게 찍어낼 수가 있습니다

탭은 발신경을 살려서 구사하는 춤이기에
몸에 긴장이 들어 있어서는 안됩니다

몸은 충분히 풀려 있어야 하고
기분도 상승시켜 피가 온 몸에 잘 돌고 있어야 합니다

기분이 나빠져 있거나 몸이 피곤하거나 컨디션이 안 좋을
때는
스텝이 제대로 나오지 않습니다

그럴 때는 새로운 스텝을 도전하거나
난이도가 있는 것은 연습하지 말고
몸의 기를 푸는 식으로 움직이는 것이 낫습니다
그래도 안 될 때는 아예 쉬는 것이 낫습니다
그래서 탭댄스를 하는 사람들이 다 웃으며 즐겁게 하는
것입니다

요즘이야 새로운 스타일이 많으니 표정이나 의상도 다양
하지만
그래도 언제나 몸은 가볍고 기분은 상쾌하게
컨디션은 최상으로 유지하는 것이
빠르고 확실하게 탭댄스를 익히는 비법입니다

탭슈즈는 우선 발에 딱 맞으면서 편안해야 합니다

신었을 때 발가락 부분이 너무 남게 되거나 뒷꿈치 부분이 헐렁하거나
또는 발가락을 너무 조이거나 뒷굽의 높이가 자신의 발체형과 안 맞거나 하면 안됩니다

이런 탭슈즈를 신고 탭댄스를 하게 되면
발이 다치거나 스텝향상의 효과를 누리지를 못하게 됩니다

처음 탭슈즈를 신고 시작하는 이들의 대부분이 호소하는 것이
탭슈즈가 안 좋고 자신에게 안 맞아 잘 안 되는 것 같다고 하는 경우도 있는데
탭슈즈가 자기 발에 안 맞고 별 문제가 없는 상태라면
그것은 탭슈즈의 탓은 아니고 자신의 몸이 아직 안 되는 것입니다

물론 탭슈즈를 신고서는 움직임이 좀 불편하기는 합니다
그러나 징이 닳아가면서 조금씩 익숙해지기 시작하면
걷거나 뛰는 스텝도 전혀 부담이 없게 됩니다

탭징만을 따로 구매해서 일반 구두나 운동화에 부착해서 하는 방법도 있습니다

맞춤 구두는 가격이 비싸지만 자신의 개성에 맞게 제작할 수 있는 장점이 있습니다

한 마디로 탭슈즈는 신었을 때 발이 편안하고
서 있을 때 발가락 움직임이 불편함이 전혀 없어야 좋다고 할 수 있습니다

탭댄스를 할 때 제일 좋은 바닥은 뭐니뭐니해도 마루입니다
그러나 나무도 종류가 많아 셀 수 없을 정도이니

일반적인 공연장 무대는 바닥이 전부 마루입니다
그 위에서 탭댄스를 하면 좋으나 대부분 표면이 고무가
덧붙여 있습니다
거기서 탭댄스를 하게 되면 소리는 감소되지만 음향시설
이 좋다면 그것도 무난합니다

야외 공연을 할 때 문제가 되는 것은
일일이 마루바닥을 가지고 다닐 여건이 안될 때 문제가
큽니다
제대로 된 바닥재를 제작하여 갖고 다니면서 공연을 하면
괜찮지만
그것이 준비가 안 될 때에는 합판을 이용할 수도 있는데
이 합판도 또 두께가 아주 다양합니다
합판을 큰 것을 갖고 다닐 수도 없으니 작게 만들어서 다
니기도 하는데
그것을 접붙인다 해도 그 사이의 공간이 벌어질 수도 있
으니 그것도 신경 쓰이는 문제입니다
그리고 합판 밑의 바닥이 무엇이냐에 따라 탭소리가 다르
게 나기도 합니다

그래서 또 등장하는 것이 특수 고무바닥재입니다
그것은 그냥 두꺼운 고무판이라 보면 되겠습니다

이것은 돌돌 말아서 갖고 다닐 수도 있지만
따로 주문 제작하여 소유해서 갖고 다닐 여건은 쉽지 않
습니다

소리가 가장 맑게 잘 들리는 것은 대리석 바닥인데
이것은 미끄럽다는 단점과 돌 위에서 해야 한다는 무리수
가 있는데
그렇게 되면 무릎과 다리가 쉽게 피로해지고 부담이 커집
니다

이 밖에도 철판, 알루미늄판, 유리판, 돌판, 장판, 타일 등
무엇이든지 소리가 날만한 재질의 것은 다 탭댄스 바닥재
로 쓸 수는 있습니다

그러나 결론은
항상 건강하게 탭댄스를 하고 싶다면
마루바닥 위에서 하는 것이 가장 좋습니다

많이 봐왔겠지만 탭댄스를 하는 이들 중
스텝을 신경 쓰느라 허리를 구부정하게 하고 움직이는 이들이 있습니다

그게 탭댄스 할 때 자세가 원래 그런 것은 절대 아닙니다
단지 스텝에 신경을 쓰며 움직이다보니
자연스럽게 그렇게 허리가 굽는 것인데
그 자세는 결코 좋은 것은 아닙니다

흑인들 자세가 스텝만 신경을 쓰는 이가 많기에
그런 모습들이 많이 보여지는데
상대적으로 재즈탭에서는 폼도 중요하게 여기기에
허리를 굽히는 모습은 잘 안 보입니다
아이리쉬탭은 아예 꼿꼿하게 서서 하는 게 기본입니다

허리가 굽어지는 것은
아직 그 스텝이 몸에 익숙해지지 않아서이고
또 특별히 신경을 안 쓰고 하는 경우이기에 그렇습니다

허리를 구부린체 탭댄스를 해도 인기 폭발하는 탭퍼도 많기에 어찌하겠는가마는
바른 자세로 맑은 스텝소리를 보여주는 것이
훨씬 더 깔끔하고 세련되어 보이는 것이라 생각됩니다

1. 발을 만드는 것 - 근육을 풀어 스텝을 구사하기 편안하
게 만드는 것

2. 리듬감을 익히는 것 - 발로 바닥을 치면서 리듬을 만드
는 법을 익히는 것

3. 방향을 만드는 것 - 스텝을 구사하면서 자신이 원하는
방향으로 보내는 것

이 세 가지가 기본의 핵심입니다

누가 탭댄스를 더 잘하고 못하고를 떠나
거울을 통해서 탭댄스를 하고 있는 내 모습을 보거나
발을 휘둘러가며 원하는 스텝을 마음대로 구사할 때의 그
느낌이란…

그 순간만큼은 그냥 모든 것이 생각이 안 나고
황홀경에 빠져있는 것입니다
그럴 때 무슨 실력을 따지고 간판을 따지고
주변 상황이 신경이 쓰이겠는지요
탭댄스를 정말 사랑하는 이라면
그런 경험을 소중히 간직하고 키워나가야 합니다

탭댄스로 먹고 산다?!
춤을 추는 사람이라면
정말 꾼이라면
우선 먹고 사는 것을 생각하며 춤을 시작해서는 안됩니다
현실을 무시해서는 안되겠으나
춤을 사랑하는 것과
물질과 여건을 택하라면
춤을 선택할 정도가 되어야
진짜 춤꾼이라는 것입니다
춤의 인생이 마무리 되는 순간
스스로 뒤돌아 봤을 때
자신이 남긴 것은 과연 무엇이 보일까요?

이 말이 어렵다면

지금 위치에서 지나 온 과거를 한 번 뒤돌아 봅니다

무엇을 이루었고 무슨 생각으로 예술을 해왔는지

과거를 보면 현재의 자신 모습이 그럴 수 밖에 없음이 당연하고

현재 자신이 살아가고 있는 모습을 보면

미래의 내가 이미 설계되어 있습니다

인생을 사랑하는 자가 춤도 사랑하게 됩니다

누구의 말처럼 우린 모두 세상 모든 사람들이 가는 곳(죽음)으로 가고 있지 않는지요

합판이나 바닥이 탄력이 없는 곳에서 연습을 하거나
탭슈즈가 새 것이라 탭징이 너무 돌출되어 있는 상태에서
연습을 하게 될 때
발바닥이 이상하게 아려올 때가 있을 것입니다

겉보기에는 아무 이상이 없는데
속으로 그렇게 바늘로 찌르듯이 아프게 됩니다
그것도 발을 내딛는 그 순간에만 그렇습니다

이것은 바닥과 탭슈즈의 마찰이 잘못되어
발근육과 세포가 놀란 경우입니다

이 현상은 크게 문제되는 것은 아니니
그 순간만 연습을 쉬면
하루 내에 바로 괜찮아지니 걱정은 안해도 됩니다

그러나 시간이 흘러도 별로 나아지는 기색이 안 보인다면
전문의의 진단을 받아 봐야 할 것입니다

그렇지 않은 상황이라면 바닥이 가장 큰 문제이니
탄력이 적당한 바닥인지 먼저 체크를 해 보고 연습을 해
야 합니다

의상은 무대에 오를 때 제일 신경 써야 하는 부분 중 하나
입니다
공연하는 작품에 따라 그 스타일이 달라질 터이니
안무가와 연출가의 의도에 맞추면 될 것입니다

흔히들 세련되게 생각하는 것이 제일 무난할 듯 하지만
요즘은 스타일이 많이 다양해 졌습니다

흑인들 같은 경우에는 반바지에 펑키머리, 목걸이 등
다양한 악세사리를 마음껏 걸치며 치장을 하기도 하고

아리이쉬탭 스타일은 심플하면서도 깨끗하고 세련된 칼
라로 나오기도 하고

호주의 탭덕스 팀은 찢어진 청바지에 웃통을 벗어 제끼며
마음껏 리듬을 두드리기도 합니다

또 세련된 재즈풍으로 갈 때는 연미복에다가 흰 장갑, 중
절모로 치장을 하며
때로는 소품으로 지팡이를 사용하기도 합니다

이처럼 의상은 다양해서 특별히 정해놓고 하는 스타일이
아니니
작품과 무대 상황에 맞게 코디해서 보여주면 됩니다

탭이 나오는 영상을 보고 싶다면

국내에 개봉이 되었건 안 되었건 볼 수 있는 자료들을 소개하자면 다음과 같습니다

* 싱인 인 더 레인 - 진 켈리 주연, 도널드 오코너, 데비 레이놀즈 (탭댄스의 진수를 만끽할 수 있는 명작)

* 백야 – 미하일 바리시니코프, 그레고리 하인즈 주연 (리듬탭의 진수를 마음껏 볼 수 있음)

* 승리의 탭댄스 - 그레고리 하인즈 주연, 세이비언 글로버 아역. (흑인 원로들의 신나는 탭댄스를 볼 수 있으며, 미국 탭댄스의 역사의 한 단면도 볼 수 있을 것임)

* 코러스 라인 - 간단하면서 심플한 뮤지컬 속에서의 탭댄스가 나옵니다

* 쇼처럼 즐거운 인생은 없다 – 마릴린 먼로, 도널드 오코너 (도널드 오코너의 신나는 탭댄스가 있음)

* 파리의 아메리카인 - 진 켈리 주연 (진 켈리의 탭댄스가 신나게 나옴)

* 카튼 클럽 - 그레고리 하인즈, 리차드 기어 주연 (30년대 미국 카튼 클럽에서의 탭댄스와 쇼를 볼 수 있을 것임)

* 탱고 레슨 - 샐리 포터, 파블로 주연 (파블로의 재밌는 탭 댄스를 볼 수 있음)

* 소년, 소녀를 만나다 - 레오 카락스 감독. (침대밑에서 철 판을 꺼내 탭을 하는 여배우를 볼 수 있음)

* 벅시멜론 - 주디 포스터 아역. (발칙한 어린이들? 의 탭 댄스를 볼 수 있음)

* Evreyone says I love you - 줄리엣 로버츠 (뮤지컬 스타일 의 탭댄스가 나온다. 줄넘기 하면서 탭댄스 하는 것도 있음)

* 애니 - 마지막에 할아버지와 꼬마가 듀엣으로 탭댄스를 합니다

* 짚시 - 꼬마들의 심플한 탭댄스를 볼 수 있습니다

* 댄싱히어로 - 파소도블레와 함께 두들기는 탭의 기법을 볼 수 있습니다

* 록키 호러 픽쳐 쇼 - 발칙한 배우의 심플한 탭댄스를 볼 수 있습니다

* All that jazz - 신나는 무용과 함께 탭댄스도 나옵니다

* 화니 페이스 - 프레드 아스테어, 오드리 햅번 주연 (프레 드 아스테어의 탭댄스를 볼 수 있음)

* 탱고전쟁 - 좌변기 위에서 하는 탭댄스와 광장에서 하는 탭댄스가 있습니다

* 부기나이트 - 나이트 클럽에서 남자배우가 간단히 하는 짧은 탭댄스가 하나 있습니다

* 쇼걸 - 정말 단순한 한 동작이 있습니다

* 시카고 - 단순한 발동작과 빠른 리듬이 있습니다

* 코요테 어글리 - 탭이라 하기엔 좀 뭐하지만 카우보이 스타일의 신나고 경쾌한 탭기법의 리듬이 있습니다

* 빌리 엘리엇 - 영국 스타일의 탭댄스? 좋은 기법의 탭댄스가 있습니다

* 인디아나 존스(최후의 성전) - 영화 시작할 때 쇼와 함께 탭댄스가 나옵니다

* 갱스 오브 뉴욕 - 1부 마지막인가 2부 처음에 탭댄스 역사에 획기적인 발언이 나옵니다. 흑인이 탭댄스를 하고 있습니다

* 마이클잭슨 (댄저러스) 뮤직비디오 - 마이클 잭슨이 거리에서 차 위에서 신나게 두들기고 있습니다

* 폴라 압둘 (스트레이트업) 뮤직비디오 - 폴라 압둘이 빽댄서들과 함께 한 탭댄스와 솔로 리듬탭과 흑인 꼬마 둘의 탭댄스가 있습니다

* 화이트 크리스마스 - 뮤지컬 스타일의 탭댄스가 나옵니다
  - 요즘은 이런 걸 시어터탭이라 한다고 합니다

* 케니G 그레이티스트히트 뮤직비디오 - 케니G와 세이비언
  글로버의 합작이 나옵니다. 소리는 탭소리는 안 들리고
  섹소폰 소리만 들리지만 발기법만으로 충분히 멋진 탭
  댄스입니다

* 라붐2 - 소피마르소가 상큼하게 탭댄스 하는 장면이 나
  옵니다

* 탭탭탭 - 아담가르시아 주연. 데인 페리 감독 (탭덕스 안
  무가인 데인 페리가 감독한 영화. 호주 스타일의 탭댄
  스를 마음껏 볼 수 있을 것임)

* 버팔로 66 - 이렇게도 탭을 할 수 있구나 하는 참고용 비
  디오가 될 듯 싶습니다

* 천국의 나날들 - 타임스텝을 하는 소중한 한 장면이 딱 나
  옵니다. 그리고 하나 더 있기도 합니다

* 80일간의 세계일주 - 오리지날 영화. (스페니쉬 댄스가 나
  오는데 탭댄스의 기법으로 흐르는 맥락에서 분명히 영
  향을 주었을 거라 생각됨)

* 브로드웨이 42번가 - 흑백영화인데 80년도에 뮤지컬 42
  번가는 이 영화를 토대로 하여 만들어졌다 합니다. 탭
  댄스가 물론 나오는데 뮤지컬에서 보여지는 탭댄스와

는 안무가 다릅니다. 그래도 기본은 비슷합니다. 국내에는 DVD로 볼 수 있습니다

* 탭덕스 - 호주의 탭덕스 팀이 국내에 내한했을 때 그때만 판매를 했었던 비디오 자료. 지금은 구하기가 어려움. 데인페리가 메인으로 나오는 오리지날 호주 공연. 국내에 내한했었던 팀은 동생인 후안페리가 이끄는 팀이었고, 그리고 다시 안산에 내한했던 팀은 새롭게 구성된 팀이었습니다

* Lord of Dance - 마이클 플랫틀리가 주연한 아이리쉬 탭 댄스 공연 실황. 아이리쉬탭댄스가 국내에 잠시 인기가 있을 때 비디오 판매가 있었던 자료. 역시 지금은 구하기가 어렸습니다

* 오즈의 마법사 - 쥬디 갤런이 아역 때 주연한 영화인데 탭댄스가 나온다고 해서 어렵게 구해 봤는데 엘로우 로드를 다같이 행진하면서 하는 너무도 간단한 스텝하나 뿐입니다

* 라라랜드 - 뮤지컬 영화. 탭댄스 장면이 여러 번 재즈탭 스타일로 나옵니다

이상 탭댄스 영화나 비디오, DVD 등 영상자료

이 외에도 수없이 많을 터이지만 이것만으로도 많은 정보가 될 것입니다

무용에서는 안무의 정의를 어떻게 내려놓았는가?
재즈댄스의 안무의 정의는 무엇인가?
그럼 힙합에도 안무의 정의가 있는가?

춤은 움직임이다
인간이 많은 움직임과 소리로 탭댄스를 한다 해도
그 모든 것은 이미 태고적부터 다 있었던 것이다
창조는 없다
단지 발견일 뿐이다
창조는 신만이 한다
인간은 그것을 찾아 현실화 시킨다
100년도 못 사는 인생이 과연 얼마나 알고 찾아 펼치고 가
겠는가

그렇게 한계선에서 만들어 가는 것이다
노력하고 수고하는 사람만이 더 찾아내는 것이다

가장 앞선 곳이 미국이니 그곳으로 가는 것이 좋을 것입니다

우리나라에서는 유학의 주된 이유가 첫째는 간판이 큰 듯싶습니다

그 다음이 공부를 좀 더 깊게 하고 싶은 이유가 있을 것이고

우선 돈이 없는 이들은 꿈을 꿀 수도 없는 일입니다

알아보고 얻은 정보에 의하면

탭댄스만 전문적으로 가르치는 학교는 없고

탭댄스 과목은 있어도 현대무용이나 발레처럼

그 과목만 따로 몇 년 코스로 되어 있는 곳은 없는 것으로 압니다

한 마디로 탭댄스 전공은 없다는 것이지요

다시 말해 전공이 아닌 선택과목이라는 것과

몇 년 과정이 아닌 한 학기 교양이나 1년 정규코스라는 것입니다

또한 탭댄스 자격증은 없습니다

그냥 어느 무용학교, 뮤지컬 학교에서 배우게 되는 과목 중 하나라는 것입니다

간판을 중시하는 우리나라 현실은 갈수록 좋아지고 있다고는 하지만

그래도 미래를 꿈꾸는 사람은 한 번쯤 꼭 다녀오는 것이 좋을 것이고

꼭 미국이 아니더라도 유럽 쪽도 괜찮은 곳을 찾는다면 좋을 것입니다

예전 배우던 초등학생이 중학생이 되었을 때 미국에서 탭 댄스를 배운다고 했었는데
그냥 동네에서 하길래 기왕이면 이름 있는 선생을 찾아가서 배우라 했는데
그런 사람이 그 동네에는 없다고 했었습니다

외국에 나가더라도 간판의 목적이 있다면 미리 알아보고 선택하는 것이 좋을 것입니다

일본은 우리나라보다 팀의 규모나 형식으로 앞서 있고
더 개방적으로 노력, 연구하고 있는 상황입니다
그쪽도 국가에서 밀어주는 것은 없는 듯 하고
탭퍼들이 스스로 개척해서 일구어 나가는 식으로 운영을 하고 있다고 합니다

외국에 나가더라도 우선은 기본적은 스텝들은 마스터하고 나가는 것이
더 배우고 오는데 도움이 될 것입니다

탭댄스를 특기로 지니고서
다른 이들에게 보여줄 정도로 익히고 싶은 사람들이 묻는
질문 중 하나입니다
빠르고 쉽게 익히고 싶은 생각이어서 이런 마음이 있는
것이지요

제가 하는 답변은
기초스텝은 3개월 정도면 어느 정도 훑어 나가고
6개월 정도 되면 감각이 있는 사람이라면
뮤지컬에서 쓸 정도는 할 수 있을 것이며
다른 안무가가 탭댄스를 지도할 때 따라할 수 있는 정도
는 될 것이라 얘기해 줍니다

그렇지 않은 사람이라면 1년은 해야
남들 앞에서 탭댄스를 한다고 보여줄 정도는 된다고 할
수 있습니다

그러나 이 모든 것 뒤에는
본인이 스스로 익히고 노력하는 자세가 갖춰져 있어야 가
능하다는 것을 알아야 합니다

사람의 몸 구조와 감각은 다 다른지라
누구는 평소 연습 하나 안하고 연습실에 와서
그 레슨 시간만 충실히 하고 가도 수준이 오르는 사람이
있는 반면
누구는 연습 시간 외에 따로 혼자 더 연습을 해 봐도 안
되는 이가 있습니다

제일 중요한 것은 가르치는 방법이고
그 다음이 배우는 사람의 정신과 몸감각입니다
둘이 일치될 때 훌륭한 교육이 될 것입니다

딴 것 신경 안 쓰고 탭댄스만 한다면 최하 6개월이면 무대
에 설 정도는 될 것입니다

사람은 어느 한 작품을 보고 감동 받고
나도 저렇게 하고 싶다고 생각은 하는 반면
그 뒤에 감추어진 땀방울의 수고
그 과정 가운데 노력하는 수고와 알아가는 즐거움 등
그런 것을 소중히 생각하는 사람은 드문 것 같습니다

그런 과정을 즐기며 살아가는 인생이 되기를 바라는 맘입
니다

탭댄스는 발가락과 발목이 가장 중요하게 움직입니다
이는 마치 판소리 하는 사람이나 성악 하는 사람의 성대
가 중요한 것과 같습니다
발목이 성대라면 발가락은 혀라고 비유하면 정확할 것입
니다

노래하는 사람이 제대로 목소리가 나오게 되는 이유는
성대가 그 노래를 위한 형태로 단련되어 만들어져 있기
때문입니다

발레 하는 사람의 몸 구조는 일반인들과 다르듯
마찬가지로 탭댄스를 잘 하려면
발근육 자체가 탭댄스를 위한 근육 구조로 바뀌어야 합니다
그 과정이 몇 개월 또는 몇 년이 걸리는 것이지요

사람들이 연습 하다보면 '어제는 되었는데 오늘은 안되는
군' 하는 모든 과정이
다 발형태, 발구조를 만드는 과정에서 아직 덜 형성이 되
어서 그런 것입니다

발근육이 만들어지게 되면
그 다음부터 본격적으로 탭댄스 인생이 열리는 것입니다
근육이 만들어진 다음에는 비행기 안에 있는 것 같아
가만히 있어도 목적지로 날아가게 되듯

스텝을 따라하게 되면 바로 수월하게 익히게 됩니다

근육이 만들어지기 전에는 비행기를 타러가기 위해
자전거나 자동차를 타고 가고 있는 것이라 생각하면 될
것입니다

근육에는 뼈도 포함되어 있음을 인지하고
그 위에 체력과 정신력도 함께 갖춰져야 함도 주지해야
할 것입니다

기본적으로 사람들은 오른발을 잘 씁니다
그래서 탭댄스를 익힐 때는 오른발은 잘 익히고 빨리 되
는데
왼발은 잘 안 됩니다

그렇게 연습을 하게 되니 오른발은 되니까 막 하게 되고
왼발은 발 움직임부터 신경을 더 쓰게 되어 차근히 익히
게 됩니다

몇 달 후 보면 오른발은 기교가 뛰어나게 되고
왼발은 정확도가 뛰어나게 됩니다

한 예로 이런 경우가 있으니
축구 선수가 양발을 다 잘 쓰면
어느 위치에서도 한 박자 차이로 골을 성공시킬 수 있듯이
탭댄스도 양발이 다 수준 높다면
훨씬 높은 경지에서 스텝을 보여줄 수 있을 것입니다

그러니 양발을 다 갈고 닦아 두어야 합니다

똑같이 시작했는데 상대방은 잘 따라하는데 나는 잘 안되
는 경우가 있습니다

그래도 걱정 안 해도 됩니다

그런 사람은 원래 감각이 발 움직이는 것에 잘 맞아 처음
에 잘 받아들이는 법이지요

스텝은 무수히 많고

초기 단계는 몇 개 안되는 스텝을 가지고 반복연습을 하
고 있는 것이니

조금 지난 후 응용이 되기 시작하면

그 때부터 자기의 감각이 살아날 수도 있는 것입니다

제자리에서 하는 것과 움직이면서 하는 것이 또 다른 법
이니까

포기 말고 마음먹은 최하 한 달은 버티며 열심히 해 보면

스텝의 재미도 느끼고 안 되던 자신도 되는 모습을 발견
하게 될 것입니다

인생도 굴곡이 있는데 배움에 어찌 굴곡이 없겠는지요?

끝까지 해 보는 사람이 얘기할 것이 있고 진실할 수 있는
법입니다

정말 열심히 하는 사람들이 겪게 되는 탭댄스의 고질병

이런 현상은 Shuffle(셔플)을 하게 될 때 다리를 너무 강하게 차서
무릎 인대가 놀라 뒤틀어진 경우입니다
이 아픔에 한 번 걸리면 최하 한 달은 계단 내려갈 때
무릎 통증을 각오해야 합니다
겉보기에는 아무 이상이 없으나 속에서 무릎 인대가 놀랬으니
뼈가 다친 게 아니라면 한 두어 달 쉬면서
Shuffle(셔플)을 무리하게 하지 않는다면 괜찮아질 것입니다

그런데 왜 이런 아픔이 오게 되는가?
그건 Shuffle(셔플)을 빠르고 강하게 억지로 하게 되니
무릎을 쫙 펴서 차게 되기 때문입니다

한국 무용 기본 팔사위에서
손을 양쪽으로 뻗을 때 팔꿈치를 다 펴지 않고 있듯이
탭댄스에서도 Shuffle(셔플)할 때 무릎을 쫙 펴는 게 아닙니다

이 법칙을 익힌 후 무릎을 잘 쓰면 Shuffle(셔플)이 날아다니게 될 것입니다

이 현상도 마찬가지로 그 Shuffle(셔플)이 문제입니다
Shuffle(셔플)을 익힐 때
한 발로는 축으로 지탱을 하고
다른 한 발로는 수 십 번씩 반복해서 하게 되니
상대적으로 축(중심)이 되는 다리에 무리가 오게 되고
거기에 힘이 들어가면서 골반이 아프게 되는 것입니다

이것은 자신이 골반 힘, 다리 힘을 조절하면서 연습하면
되는 것입니다
골반이 빠지지 않는 한 아무 탈 없으니 걱정 안해도 됩니
다

Toedrop(토드롭)을 빠르게 반복할 때 일어나는 현상인데
이건 발가락을 제대로 움직이지 않고
  발목만을 사용하여 Toedrop(토드롭)을 구사했을 때 일어
나는 현상입니다

이렇게 한 번 발가락 신경이 놀라서 굳어 버리면
Up(업)을 시켜서 발가락을 펴며 눌러주고
잠시 다른 스텝으로 근육을 이완시킨 후
다시 집중, 신경 써서 연습해 나가면 됩니다

탭댄스는 감각의 춤이라
한 번 무디어 지면 그것 참 괴롭습니다
늘 즐겁게, 호흡 좋게, 최상의 컨디션으로 연습해야 합니다

스텝과 팔동작을 같이 익히다 보면 정말 헷갈리고 급기야 짜증까지 밀려옵니다

그 이유는 발 신경에 모든 집중이 다 가도 발이 될까 말까 인데

팔에도 그 뇌신경을 동시에 분담시켜야 하니

아직 익숙하지 않아서 그렇게 되는 것입니다

이러니 조급하게 하지 말고

발 스텝이 모든 것이 자신 있게 되었을 때

그 때 팔동작도 자연스럽게 해 나가면 무리가 없을 것입 니다

기본적으로 재즈탭에서는 팔과 발은 같이 움직이게 되고

거기에서 응용이 되면 좀 더 복잡해지게 되는데

이런 것도 차근히 스텝과 맞물려 익혀 나가면 결국 되는 날은 옵니다

문제는 마음먹기 달렸습니다

마음을 잘 먹고 조급하게 생각 말고 하나씩 차례대로 해 나가면 됩니다

양말을 안 신고 탭슈즈를 신고 연습을 하는 사람들이 있
는데
이것은 탭슈즈가 안 좋다면 발가락이나 발에 상처가 날
수도 있습니다

기초를 할 때야 움직임이 없으니 큰 문제가 없다고 해도
발에 땀이 나게 되고 탭슈즈 밑창이 좋지 않고 스텝이 난
이도가 높아지면
탭슈즈 속에서 발바닥이 미끄럽게 되거나 구두 안쪽과 발
이 밀착점이 생기게 됩니다
그러면 생각지도 않은 발표면에 스크레치가 생겨 부상을
입게 될 수도 있습니다

그래서 여러 가지 모양의 양말을 선호하는 사람도 있는데
그건 개인 취향이고

양말 두께에 따라 신발 사이즈가 차이가 나기도 합니다
자신에게 맞는 양말을 갖춰서 하면 좋습니다

본인이 맨발이 좋다 하는 사람들은 어쩔 수 없는 것인데
그렇다면 Toe(토)를 할 때를 대비해
발가락 밴드라도 하고서 익히도록 하는 것이 좋습니다

발톱 깨지고 피가 고이고 발가락 등이 까지면
너무 아프고 스텝을 익히는데 고생을 하게 됩니다

캐릭터댄스의정석

장소정 / 지식과감성 / 2021-02-05
ISBN : 9791165526955 정 가 : 22000 원

도서위치 : ●
[D구역]
D17-3(입서가) - (스포츠)

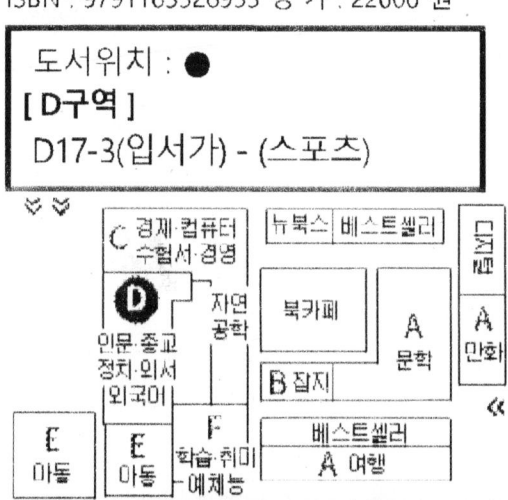

요청할 수 있으며, 가맹점에 철회요청한 경우에 가맹점의 철회요청 사실을 첨부한 서면을 신용제공자에게 제출(발송)함으로써 할부거래계약의 철회를 요청할 수 있다. 단, 상품의 성질 또는 계약체결의 형태를 보아 철회를 인정할 수 없는 경우 회원의 귀책사유에 의해 상품의 멸실, 훼손되었을 경우 또는 20만원 이하의 상품인 경우에 철회할 수 없다.

제4조 (회원의 항변권) 할부구매에 대한 분쟁이 있어 할부거래에관한법률 제12조 제1항에서 정한 요건에 해당하는 경우 회원은 신용제공자에게 분쟁의 해결을 요청하고 대금지급을 거절할 수 있다. 단, 상행위 목적의 거래나 신용카드 본래의 용도 이외의 거래로 판단되는 경우 또는 20만원 미만인 경우는 제외된다.

제5조 (회원의 기한이익 상실) 회원은 할부금을 2회이상 연속연체하고, 연체금액이 할부금의 1/10을 초과하는 경우등에는 할부금지급에 대한 기한의 이익을 주장하지 못한다.

제6조 (회원의소유권유보) 회원은 할부계약 종료전까지 목적물의 소유권이 유보될 수 있다.

제7조 (가맹점의 할부계약 해제) 가맹점이 회원의 할부금 지급의무 불이행을 이유로 할부계약을 해제하고자 하는 경우에는 14일이상의 기간을 정하여 그 이행을 서면으로 회원에게 최고하여야 하며, 각 당사자는 그 상대방에 대하여 원상회복의 의무를 진다. 또한, 소유권이 가맹점에 유보된 경우에 가맹점은 계약을 해제하지 않고는 그 반환을 청구할 수 없다.

제8조 (특약사항) 신용카드업자 상호간의 업무제휴 계약에 따라 매출표 전면에 표시된 카드발급사가 하단의 신용공자와 다른 경우에는 카드 발급사를 신용제공자로 본다.

[표1] 신용제공자의 주소 및 할부수수료율

카 드 사	주　소	할부수수료
롯 데 카 드	서울 중구 소월로3 롯데손해보험빌딩	년 9.9%~20.9%
비 씨 카 드	서울 송파구 올림픽로 275	년 10.0%~18.0%
삼 성 카 드	서울 중구 세종대로 67	년 10.0%~21.8%
신 한 카 드	서울 중구 소월로 70 포스트타워	년 12.9%~20.9%
우 리 카 드	서울 중구 칠패로 50 대우타워빌딩	년 14.5%~19.5%
하나SK카드	서울 중구 을지로 99 2본	년 12.9%~22.9%
현 대 카 드	서울 영등포구 의사당대로3 현대캐피탈빌딩	년 9.7%~21.7%
KB국민카드	서울 중구 세번지로 3길 30	년 7.8%~19.1%
외 환 은 행	서울 중구 을지로 66 외환은행본점	년 12.4%~20.9%
NH농협은행	서울 중구 통일로 120	년 13.25%~20.5%

※상기 할부수수료율은 카드사 사정에 따라 변동될 수 있습니다.

철회·항변 요청서

카드사	
성 명	구매일
구매장소	
품 목	금 액
요청내용	
처리요구	
처리결과	

※ 철회·항변 요청에는 상기가맹점(가맹사에 철회요청서에 첨부하여 주십시오

할부거래계약서

제1조 (할부수수료율) 할부수수료율의 실제 년간요율은 [표1]과 같다.

아픈 다음 관리도 중요하지만
진짜 프로라면 아프기 전에 안 아프도록 해야 할 것입니다

탭댄스가 내 삶의 전부냐

그건 아니다

나의 내면 속에 꿈틀거리고 있는 의지에 비해 탭댄스의 세계는 일부일 뿐이다

그러나 탭댄스에 빠져드는 그 순간만큼은 그게 전부가 될 수 있다

빠져 나온 다음 순간에는 또 다시 새로운 세계가 나를 기다린다

인생을 살아간다는 것

삶이 왜 시작되었는지 내 스스로의 의지가 아니었기에

가는 것 또한 내 뜻으로 가는 게 아니라

나를 찾아 근본으로 가는 것이다

그 근본으로 찾아 갈 때 나의 삶과 동행을 하고 있는 것이 이 탭댄스이다

동행인은 많을수록 좋겠지

탭댄스 이외에도 나의 동행인은 많으니 모두 소중한 일들이다

오직 하나가 좋을지, 많은 것이 좋을지는 괜한 논쟁일 뿐이니

우리는 그저 가면 되는 것이다

평론? 조금 단편적인 얘기다

자기가 아는 그릇 안에서밖에 볼 수 없는 인간의 한계다

살아가다 보니 만들어진 인간들의 지식의 표출방식인 것이다

그 틀 속에 갇히고 싶지는 않다

먹어야 살 수 있는 인간의 육신이기에 육신이 있는 동안에 맞추는 것일 뿐이다

사람은 육신일 때 약한 것이다

춤을 출 때는 육신을 통해 정신세계로 갈 수가 있다

강해질 수 있는 것이지

미친 예술가가 정신이 온전히 돌아오지 않는다면 제일 행복한 것이다

그러나 그게 예술의 한계다

근본을 찾아가는 예술을 해야지

신이 되어보려는 인간이 그 속에서 발버둥치는 모습이

강아지가 우쭐대는 모습과 별다른 바가 없구나

인간이 동물과 다를 수 있는 것은 정신을 뛰어넘는 영혼이라

죽으면 돌아가셨다 하는데

처음에 떠난 곳이 있었기에 돌아가는 것이 아닌가

나의 본래 왔던 곳으로 가기 위해 나의 삶을 여행하는 것이라

무슨 흔적을 남기고 갈 것인지

그 흔적이 나의 죽음 뒤에도 의미가 있을는지

한계가 보이는 삶은 아닌 것이다

영원히 갈 그 무엇을 찾아가야 하는 것이니

근본을 모르고 살아가는 인생들은 얼마나 낮은 수준의 위
치에서 만족하고 있는 것인가

즐거이 누리며 감사하며 살아가는 탭댄스 인생

얼마나 행복한가

자기 위로는 더 이상 없을 정도의 최고가 된다면
과연 그 사람은 어찌 될까요?
만일 그 재능을 발휘할 곳을 찾지 못한다면
그는 미쳐버리거나 변질, 왜곡될 것입니다

사람은 늘 부족함을 느껴야 아쉬움이 있어서 더 연구하고
노력하게 되는 법인데
자기가 더 이상 배울 게 없다면 이제 그는 어디로 가겠는
지요?
탭댄스에서 다른 단계와의 접목을 시도할 수도 있을 것이고
후진 양성에 보람을 느낄 수 있을 것입니다

시대가 받쳐준다면 그를 인정하겠지만
괜히 혼자 너무 앞서가면 고립될 것입니다
그러니 현실을 무시 말고 자신을 맞추는 지혜도 필요합니다

하늘이 인간의 살아가는 법칙상
가진 자는 없는 자를 돕는 기쁨을 누리며 살게 하셨고
없는 자는 있는 자를 만나 얻도록 하셨으니
그게 인간 살아가는 재미인 것입니다

그러니 과정에서 누리자는 것입니다
다 자기 실력에 맞게 머물 곳이 생기게 됩니다

몸이 무겁다?!

그 첫째 이유는 컨디션(기분)의 문제입니다
사람은 기분에 의해 좌우되는 일들이 많이 있으니
몸이 무겁다면 자신의 기분 상태가 어떠한지 체크해 봐야
합니다

둘째 이유는 몸 자체가 안 좋은 상태입니다
이럴 때는 극과 극의 방법이 있는데
점프를 많이 해서 땀을 빼어 몸을 덥게 하여 풀던가
아니면 물구나무서기를 해서 몸의 기운을 한 번 뒤집어
보면 효과를 볼 때가 있습니다

R - "기분이 풀려야 몸이 풀린다"

몸이 안 좋다 느끼는 것이 정말 몸이 안 좋아서 그런 것이
라면
안정, 휴식이 필요할 것이고
컨디션과 기분에 의해 몸이 무겁게 느껴질 때는 마음먹기
달린 인생이니
마음을 잘 다스리는 법을 익히도록 해야 할 것입니다

무대 예술이란 게 늘 마음 닦기 아니겠는지요

스텝을 따라 하다보면 발의 모양과 선은 엉망인데
소리가 되는 사람들이 있습니다
정식적인 탭댄스를 바란다면
그 발모양을 정확하고 깨끗하게 보이도록 만들어야 합니다
그래야 보는 사람들의 시각적 효과도 얻게 되어
더욱 탭댄스의 맛을 느끼게 할 수 있습니다

그런데 또 하나 다른 것은
연주하는 이들이 자세를 바로 잡아야 하는 것이 있는 반면
어떤 이들은 자기만의 연주기법이 있는 것처럼
탭댄스도 발모양이 조금 이상해도
그것이 자기 발에는 편하여서 오히려 소리가 잘 나는 경
우가 있으니
그것 또한 능력이라 할 수 있겠습니다

탭소리만 잘 들린다면야
개성인지라 크게 문제될 것은 없으나
그래도 바른 모양으로 하고 소리도 맑게 난다면 더 좋을
것입니다

발모양을 바르게 익히려면
천천히 기본을 다시 하고 발레도 도움이 되기도 하니 배
우면 좋을 것입니다

지겹게 연습실을 뱅뱅 돌리며 스텝을 반복한다

처음하는 이들이 겪게 되는 과정
왜 이렇게 해야 하는지 궁금할 수도 있습니다

그것은 단순히 시간을 때우는 것이 아니라
계속 성실히 움직이는 사람은 알게 됩니다

쉽게 답을 하자면
그렇게 반복을 하게 되면 발을 쓰는 법을 터득하게 됩니다
반복을 좀 많이 하면 다리 힘이 빠져버릴 때가 있는데
이렇게 다리 힘이 모자랄 때는 근육을 어떻게 쓰는지
자기 몸에 맞게 터득하게 됩니다
이것은 성실히 열심히 하는 사람이 얻게 되는 소득입니다

이런 과정을 지겹게만 생각하는 사람이 있다면
일찌감치 포기하던가 아니면
자기에게 맞는 연습방법을 만들어서 '독학'을 해 보는 것
도 좋을 것입니다

R - "가르치는 사람은 배우는 사람을 한 단계 낮게 봐야 한다"

이는 모든 배움의 세계에 적용될 것입니다
가르치다보면 본인보다 나이 많은 어른이 배울 때도 있고
타 분야의 전문가가 와서 배우게 될 때도 있습니다

그런 사람들을 지도할 때
그 사람의 위치를 생각해서 존중하는 식으로만 지도를 하게 되면
제대로 레슨이 진행되지 않을 때가 있습니다

아무리 타 분야의 전문가라 해도
배우고 있을 때는 학생임을 인식하고 철저히 해 주어야 합니다

배우는 이를 바라볼 때
자신과 동등하게 보거나 그 신분으로 인해 상대적으로 높게 바라보게 되면
훌륭한 교육이 이루어지지 않게 됩니다

교육은 신성한 것이니
가르치는 이는 겸손으로, 배우는 이는 성실로 임해야 합니다

타 분야의 전문가라도 진정한 배움을 원하여 온 것이라면
배울 때는 성실히 학생의 신분으로 임해야 합니다

이런 교육 상황이 현실에서는 혹시 이뤄지기가 어려울 수
도 있지만
한 마디로 탭댄스를 지도할 때는
마음을 조절하여 배우는 사람을 한 단계 낮추어서 지도해야
훌륭한 교육을 할 수 있다는 것입니다

다가 온 21세기는 개성의 시대
탭댄스의 기본 원리를 알았다면
그것을 원리원칙대로 하는 것도 필요하지만
자기 스타일을 창조하여 펼쳐나가는 것이 더 좋을 것입니다

한국무용도 전통이 있고, 창작이 있으며
발레도 클래식이 있고 모던 발레, 재즈발레가 있지 않는
지요?

탭댄스도 틀에 묶여서 표현할 필요는 없습니다
기본 스텝을 익혔다면 그 다음부터는 발모양도 새롭게 연
구해 가며
스스로 리듬을 만들어서 자기 스타일을 창조해 내는 것입
니다

자신이 확실하고 대중이 인정한다면
시간이 흐르면 그것이 곧 새로운 전통이 되는 것입니다

예술을 하는 사람이 자유로워야 하지 않겠는지요?
그렇지만 또 하나
자유가 방종으로 가지 않도록 기본은 꼭 알고 움직여야
할 것입니다

수준을 한 단계 더 뛰어오른다는 것이 얼마나 어려운 것인지
선생이 가르치는 것을 따라하면서 배우기만 하는 사람은 처음에는 잘 모르겠지만

처음 1단계는 스텝 익히기 단계
그 다음 2단계는 스텝의 응용 단계
그 다음 3단계는 응용된 스텝으로 작품을 구성하는 단계입니다

이것이 기본적인 3차원 단계라 생각합니다
이 단계만 잘 하면 탭댄스를 할 줄 안다는 소리는 들을 수 있으리라 생각합니다

그러나 여기에서 끝이 아니라
한 차원 높아 가면 안무의 단계가 있습니다

그 4단계는 그냥 자기 발로 리듬을 만드는 리듬 단계
5단계는 음악을 들으며 따라하게 되는 연주 단계
6단계는 음을 들으며 같이 연주는 하는 화음 단계입니다
이 단계만 완성하면 안무가로서 제대로 인정을 받게 될지도 모릅니다

그러나 여기서 끝이 아니라 그 위가 또 있으니
7단계는 스텝으로 음의 고저를 넣어가며 화음을 내는 단계
8단계는 이 7단계 위에 팔동작, 몸동작을 접목시키는 단계

9단계는 8단계 위에 음성(노래)과 연기의 감정까지 넣는 단계입니다

이렇게 총 합쳐서 9단계가 됩니다
이런 9단계의 경지에서 탭댄스를 하는 많은 선배들이 있어 왔습니다
모든 재능을 다 갖출 수는 없겠지만
기왕 탭댄스로 꿈을 키우며 시작하는 사람이라면
가장 높은 단계를 보고 가야 그 밑의 것들도 쉽게 얻지 않겠는지요?

자라나는 꿈나무들에게는 최고 경지의 교육을 시켜주어야 합니다
누가 끝을 볼 수 있을는지

그냥 재미있게 즐기며 해 나가다보면
언젠가는 올라서 있는 자신의 모습을 보게 될 것입니다

왜 못하겠는가?

재즈나 힙합은 즉흥이 있습니다
현대무용이나 발레도 즉흥으로 할 때가 있습니다
탭댄스를 즉흥으로 못한다는 것은
아직 수준 연마를 더 해야 한다는 것입니다

물론 걸어다니며 리듬을 해야 하기에
일반적인 음악 연주의 즉흥과는 다릅니다
그리고 리듬을 머릿속에서 생각하면서 같이 발로 맞추는
것도 너무 어렵습니다

탭슈즈 밑창의 4개의 징에서 나는 소리가 다 들쑥날쑥하니
머릿속의 리듬 + 4개의 징 + 움직임이 가미되어야 하니
차라리 발에 맡긴 후 그 소리에 따라 리듬을 맞춰나가면
그게 더 쉽습니다

그래도 할 수는 있으니 연습방법은
처음에는 느리고 단순한 리듬으로 시작하여서
나중에는 수준 높게 오르면 됩니다

즉흥의 단계는 최고 어려우면서도 가장 자유로우니 꼭 성
취하면 좋습니다

모든 무용 예술이 다 그렇듯이
거울을 보며 자신의 동작과 동선을 체크하는 것이 가장
좋습니다

처음에는 거울 보고 따라하는 것이 참 헷갈리지만
계속 보다보면 익숙해지니 습관을 들이는 게 좋습니다

거울을 안 보게 되면 상대적으로 고개를 숙이고 자기 발
만 보게 됩니다
안 그래도 발을 보며 익혀야 되는 춤을
고개를 숙인체 습득하게 되면
나중에 대중 앞에 서거나 무대 위에서 할 때도
습관적으로 바닥을 보게 되어 매력이 떨어집니다

물론 무조건 로봇처럼 **빳빳**이 고개를 들고 있어야 하는
것은 아니지만
모든 무대 장르의 기본은 정 자세로 해야 하는 것이 우선
기본인 것이니

거울은 꼭 필요합니다

사람을 가르치다보면 느끼는 것인데
아무리 못 나거나, 나이가 나보다 많은 사람이라 해도
탭댄스에 대한 열정을 지니고 열심히 하는 사람이 있으면
그 레슨은 즐겁습니다
그가 하나씩 배운 것을 자기 것으로 소화시켜 나가는 모
습을 볼 때 보람이 있고
또 다음 레슨이 기약되고 보고 싶은 것이지요
이것이 사람 사는 것입니다

반면 아무리 겉보기에는 멋있고 많이 갖추고 있다 해도
탭댄스를 배우는 그 순간에 충실하지 못하고 지겨워하는
사람이라면
내 스스로가 그 레슨은 하기 싫어집니다

그 사람도 나도 어쩔 수 없는 상황이 되어 레슨을 유지해
야 하는 단계라면
이것은 말로 표현 못할 고난이도의 고문이 됩니다
다음에 또 만나 레슨을 하는 것이 두려워 피하고 싶어질
지경이고
레슨을 하면서도 언제 끝이 날까 그것만 기다리게 됩니다
이런 관계를 누가 원하겠는지요?

탭댄스로 인연을 맺고 탭댄스의 가치를 생각하는 사람이
라면
후자가 아닌 전자로 기억이 되기를 바랄 뿐입니다

이 문제는 기초를 하는 사람들이 제일 원하는 것인데

빨리 익히는 방법은 두 가지로
하나는 하는 방법(기술)을 알고서 스텝을 연습하는 것이
가장 중요하며

또 하나는 연습을 성실히 하는 것입니다

중요한 것은 하는 방법을 아는 것인데
그 방법 중 하나가 머릿속에 항상 리듬을 생각하는 것입
니다

머릿속에 음을 맞추면서 그 리듬을 발에 그대로 전달시키
는 것입니다
그 때 입으로 소리까지 내어서 하게 되면 처음에는 헷갈
리지만
더 빠른 연습의 효과를 얻을 수 있게 됩니다

처음에는 이 방법의 효과를 잘 모르겠지만
몇 달 지나고 보면 음을 늘 생각하면서 연습했던 사람과
그냥 했던 사람과의 차이는 엄청나게 됩니다

항상 음을 머릿속에 염두해 두고 해야 합니다

뭐든지 처음 배울 때 익숙해지기 위해서는 몇 주간의 기간이 있습니다
그 기간이 지나면 이제 다양하게 응용하게 더욱 재미있게 됩니다

그런데 응용을 할 때 더 재미없게 되는 사람들이 있으니
그건 실력이 받쳐주지 않아서 그런 것입니다

기본 코스 과정대로 진도가 나갔는데
이 응용으로 넘어가지 못하는 사람들의 경우는
연습을 소홀히 했거나 발의 감각이 무디어서 제대로 익혀지지 못한 사람들입니다

제대로 못 익힌 사람이라면 다시 연습을 하면 되겠으나
발의 감각 자체가 무딘 사람은 많이 어렵게 됩니다

내 것이 아닌 것은 가지고 있어도 결국은 잃게 되는데
그것을 잃지 않으려고 붙들고 늘어지면 그로 인해 해를 얻게 됩니다
내 것으로 만들려면 그것을 소유할 수 있는 자격과 능력을 갖춰야 합니다

어떤 분야든지 꾸준하게 성실하게 하는 사람은 더욱 습득을 하게 될 것이고

그렇지 않은 사람은 결국 포기하게 되는 것입니다

탭댄스는 처음에 생각 외로 잘 안 되는 경우가 많이 있는데
영상으로 보던 것과 실제로 자신이 해보면
차이가 많이 있는 경우가 있습니다

행여 그렇더라도 포기하지 말고 차근히 꾸준히 하면 되는데
조급하게 생각해서 보던 것과 다르다고
재미없고 자신은 재능이 없다고 결정해버리면
결국 쉽게 포기해 버리고 말게 됩니다

선생이라면 자꾸 듣고 보고 연구해야 뭘 가르칠 것이 있습니다

모방만 하지 말고 창조를 해야 합니다

선생은 자꾸 가서 배워야 합니다

그래야 남을 가르칠 것이 있습니다

연구하지 않고 그냥 머무르는 사람은

그냥 흐르다가 다른 곳으로 빠지게 됩니다

사람이 존재하기 위해서는 먹어야 하듯

일반 탭댄서도 아닌 그들을 가르치는 선생이라면

늘 새롭게 연구해야 합니다

그래야 그 위치가 견고하게 유지되는 것입니다

선생의 위치는 권위의 위치가 아닌 배움을 원하는 이들의
안내자입니다
　먼저 깨닫고 먼저 알았기에 배우는 이들의 앞에 서 있는
것입니다
　선생을 믿고 따르는 학생들에게 실망을 주지 않고
　그 레슨에서의 모습만큼은 언제나 모범이 되어야 합니다
　"나는 못하지만 너는 해라"는 식의 교육은 참된 모습이 될
수는 없습니다

　배우는 이들은 선생의 색깔을 지니게 됩니다
　선생이 충분한 색을 지녔다면 문제가 없겠으나
　그렇지 않다면 배우는 이들의 사고를 넓혀 주어야 합니다
　자기가 알고 있는 것이 전부가 아니라는 것을 늘 염두하고
　배움의 기가 넘치는 이들의 싹을 꺾어서는 안됩니다

　선생은 다리 역할을 충실히 해야 합니다
　그리고 늘 스스로에게 충실함이 먼저입니다

　선생이라면 부지런히 스스로를 갈고 닦아야 합니다

탭댄스를 할 때 어느 순간엔가 느껴진 감정인데
이건 탭댄스뿐만 아니라 타장르의 예술을 하는 모든 이들이
쉽게 느껴지는 감정이 아닐까싶습니다

그런데 이렇게 혼자 고독과 싸우는 시간들이 돌아오면 나
를 단련시켰었고
그 시간에 더욱 연습에 열중할 수 있었습니다
고독이 그리 나쁘지만은 않았던 것이지요

혼자 실력을 연마한 후 여러 사람 앞에서 펼쳐 보이는 그
기쁨이 있었으니
인생은 홀로 갈 때가 있고 또 여럿이 만나 어울려야 할 때
가 있는 것입니다

실력이 좋아 그 분야의 능력자로 인정받는 사람 중에
혼자만의 고독의 과정을 겪지 않은 사람이 있을는지요

고독은 나를 만드는 좋은 친구 중 하나의 자리를 차지합
니다

물론 고독을 느끼지 않으면서도 실력을 향상시킬 수 있다면
제일 좋을 것입니다

배움에는 기초부터 고급까지 있습니다
기초가 튼튼해야 나중에 고급으로 가서 응용이 되고
스텝이 현란해 질 때 흔들리지 않습니다
기초가 지겹고 안된다하여 바로 응용으로 가게 되면
발이 움직일 때 따라와 주지를 않으니
오히려 더 실망감만을 느끼게 됩니다

재미있고 즐거운 탭댄스가 되려면
자기에게 주어진 실력에 맞게 익히면서
그것을 가지고 누리는 것이 지혜입니다
그런 다음에 또 새롭게 올라가야 하는 것입니다

뿌리가 깊지 못하고 잔가지만 넓게 퍼지면
결국 그 가지의 수요를 나무가 감당하지 못해 마르게 되듯
기초가 튼튼하지 못하고 계속 새로운 스텝을 익히게 된다면
결국 탭댄스는 한계가 오고 지겹게 느껴지게 될 것입니다

그러니 단계별로 차근차근 올라가면서 즐기면서 해야 합니다

탭댄스는 대중성과 예술성을 동시에 지니고 있습니다
탭댄스는 대중성이라 해서 결코 수준 낮지 않으며
예술적이라 하여 결코 고리타분하지 않습니다
탭댄스는 재미와 작품성을 동시에 추구할 수 있습니다

대중적으로는 평범한 의상도 좋고, 유행하는 최신 의상도
좋고
신나게 댄스음악이나 다양한 리듬에 접목시켜 스텝을 선
보일 수도 있습니다
장소도 거리에서 뿐 아니라 조그마한 카페의 간이무대에
서도 공연이 가능합니다

예술적으로는 깊이 있는 음악과 리듬을 접목시켜 소리를
이끌어 올릴 수 있습니다
발리듬과 몸의 움직임과 내면 연기를 가미시켜 예술적 무
대를 꾸밀 수도 있습니다

이렇게 탭댄스는 대중의 생활 깊숙이 어디든 스며들어 같
이 공존할 수 있습니다
남녀노소 누구든 부담없이 다양한 사람들이 탭댄스의 장
르를 다 공유할 수 있습니다

재즈댄스가 대중적이면서도 예술적일 수 있듯이 탭댄스
는 그 파급효과가 더욱 큽니다

탭댄스는 시간, 공간에 제약이 없습니다
내가 서 있는 그 어떤 곳에서든지 움직임 그 자체가 리듬
이 됩니다

이런 탭댄스가 어떻게 드러나듯
언제나 볼만하고 재미있을 것입니다

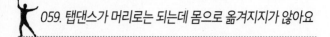

이런 현상은 처음 탭댄스를 배우는 사람들이
그 기초스텝을 가지고 약간의 리듬을 응용할 때 겪게 되
는 과정입니다

눈으로 봐도 이해가 되고 머릿속에서는 이미 다 습득이
되어 할 만 한데
왜 잘 안되는 것일까?

문제는 발이 움직여주지 않는다는 거지요
그게 기초과정입니다

생각하는 대로 다 움직여지고 실천이 되는 사람은
어느 분야에 있더라도 다 성공하지 않을까요?
마음먹은 대로 다 행동으로 옮기며 살아갈 수 있는 사람
이 얼마나 있겠는지요?

이러하니 탭댄스 스텝을 머릿속에서는 이해했다면
이제는 아직 덜 만들어진 신체를 단련시켜 익숙하게 하는
수 밖에 없습니다
그래서 연습하는 시간이 필요한 것입니다

반복 연습을 하며 그 스텝과 리듬을 계속 생각하며 연습
하면
어느 순간엔가 몸이 원하는대로 만들어져 있게 됩니다

이 과정에서 재미를 느껴 성실히 하는 사람들은 탭댄스를
습득하게 될 것이고

이게 잘 안된다하여 포기하는 사람들도 또 있게 됩니다

그러니 느긋하게 재미를 갖고 해 나가야 합니다

탭댄스를 배우면 어디에 써먹을 수 있을지 궁금하게 여기는 사람들이 있습니다

우선 탭댄스 실력을 지니게 되는 것은 크게 두 가지로 봅니다

하나는 그냥 실력만 지니고서 무대에 설 수 있는 경우와

다른 하나는 본인이 안무도 하며 레슨도 하며 무대에 서는 경우가 있습니다

후자의 경우가 더 폭넓게 활동할 수 있게 됩니다

그럼 종합적으로 탭댄스를 지니고서 어디에서 활동할 수 있을지 살펴봅니다

첫째로 무대에 서면서 공연 뿐 아니라 이벤트로 활동을 할 수 있습니다

무대를 세분화 해보면 방송 무대, 뮤지컬 무대, 연극 무대 등이 있겠고

또 다르게는 이벤트 속에서 호텔행사 무대, 놀이동산 무대, 백화점 행사 무대, 각 기업의 홍보 행사 무대, 상점 오픈식이나 기념식 무대, 각종 축하 연회 무대 등 다양하게 존재합니다

탭댄스의 실력만 지니고 있다면

여러 연결고리를 만들어 자기의 재능으로 마음껏 활동을 할 수 있습니다

다음으로는 강사로 활동할 수도 있는데 그 종류도 다양합니다

세분화 시켜보면 유·초등학교 체육이나 특별활동 과목이나 적성개발 수업에서 활동할 수 있고

중·고등학교 특별활동이나 방과후 활동도 강사로 초빙될 수도 있습니다

좀 더 살펴보면 각 대학이나 사회교육원의 탭댄스 강사로 활동할 수 있습니다

대학안에서는 무용과나 연극, 영화, 방송, 연예학과, 뮤지컬학과, 레크레이션학과, 체육학과 등

학교에서 인식이 있는 사람이 나서서 연결이 된다면 그 활동범위는 더욱 넓어지게 됩니다

그게 아니라면 각 대학의 동아리도 규모가 커진 곳이 있으니 그곳의 강사도 연결이 되면 할 수 있습니다

또 각 뮤지컬 단체나 연극단체, 무용단의 강사로 활동할 수도 있습니다

학원 쪽으로는 연기학원의 특기 강사, 무용학원의 강사, 모델학원의 강사 등

사회가 개성화되어 가고 세분화 되어 가니 활동영역이 더욱 넓어집니다

그리고 프리랜서로는 TV연예인들이나 특별활동의 특기를 지니고 싶어하는 사람들에게

개인적으로 탭댄스를 지도해 줄 수도 있습니다

이렇듯 이 많은 활동영역 외에도

생활체육으로서 운동의 효과가 탭댄스는 충분히 발휘가 되니 그쪽 분야도 좋습니다

본인의 역량이 뛰어나서 더 넓게 활동을 개척해 나갈 수 도 있을 것입니다

아직 탭댄스로 자격을 주는 곳은 세계 어디에도 없으니 우선은 실력을 지녀 놓은 후 생각할 일입니다
누가 나서서 탭댄스 전문자격을 만들어주겠는지요
현대의 탭댄스가 시작되었다 할 수 있는 미국에서도
탭댄스는 대중예술이고 각 학교나 학원의 한 클래스로 자 리 잡혀있는데 말입니다

앞으로의 시대는 실력으로 인정받게 되는 날이 될 것입니다

탭댄스에 미친 사람을 본적이 있는가

탭댄스란 참 묘해서 좋아하는 사람은 너무 좋아하고
질려하는 사람은 아예 꺼려합니다

탭댄스를 추는 아련한 모습과 멀리 퍼져 울리는 그 또닥
이는 소리
영화속의 장면처럼 느리게 흐르는 그 영상은
사람들을 빠져들게 만드는 묘한 마력이 있습니다

예술을 하는 사람은 환상을 꿈꿔야 합니다
비록 현실과는 안 맞다 하여도
남들이 보기에 '미쳐있구나' 할 정도로
그 장르를 위해 투신해야 합니다

과연 얼마나 많은 이 시대 예술인들이 자기 분야에 진정
미쳐 있는지
자신이 탭댄스를 한다면서도 또 타장르의 예술을 한다하
면서도
그 속에 빠져들지 못하는 있는 사람들도 있습니다
이는 미치는 행복을 모르는 것입니다

미쳐있는 환상의 예술가들이 많고
그런 이들이 나름대로 그 분야에서 인정을 받고 존재할 때

이 세상은 좀 더 다양하고 판타스틱하게 존재할 것입니다

말할 수 없지만 느낌으로 서로 통하는 예술가들의 인생입
니다

선생과 제자는 서로 주고 받고가 되어야 멋있는 수업이
되는 것입니다

사람을 지도하면서 느껴지는 것이
어떤 사람은 묘한 창조력이 있어 한번 스텝을 알려주면
그것을 익힌 후에
나름대로 응용하여 창작해 나갑니다
개인레슨 때 그런 사람을 보게 되면 가만히 지켜보는 것
도 좋은 방법입니다
그러면 스스로 익혀나갑니다
가만히 보고 있자니 나 또한 배우는 것이 있으니
교육이란 참 묘한 것이지요

간판 있고 이름 있는 곳에 가서 배워야 훌륭한 교육이라
생각할지 모르겠으나
그것이 꼭 그런 것만은 아닙니다
전혀 예술적이지 않고 폼도 안 나는 사람이
열정을 갖고 열심히 땀 흘려가며 익혀 나가는 모습을 보
고 있으면
나 또한 많은 것을 느끼게 됩니다

훌륭한 사람에게 배움을 받아야 합니다
좋은 사람을 가르치다 보면 오히려 선생이 얻는 것이 더
많습니다

선생과 제자는 묘한 인연인 것입니다
나이를 넘어 지위를 넘어
그 장르 하나로 인해 만나 함께 빠져들어 하는 것이니까요

곤두서는 신경
피곤하고 아픈 육신
넘쳐나는 영감
부족한 육신
'음악이 열리며 펼쳐지는 밝은 하늘'

최고의 환상적인 예술을 이미 난 받고 있다

하나의 형태로 남길 수 있도록 현실화 시키는 작업을 해
나가야 하는 것

배운 스텝이 너무 안되어서 진도를 못 나가는 경우가 있습니다

그럴 때는, 안되는 스텝을 계속 붙잡고 늘어지지 말고

새로운 스텝을 익혀보는 것도 좋습니다

새로운 것은 언제나 새로운 마음가짐을 갖게 하니까요

안 되던 기억으로 안 되던 스텝과는 달리

새롭게 도전해 볼 수 있습니다

그것이 성공하면 다음에 다시 안 되던 그 스텝에 도전해 나가는 것입니다

그러다보면 되는 경우가 있습니다

그렇다고 안 되는 것을 제껴두고

계속 새로운 것만을 찾으면 안 되는 것입니다

그러면 깊이가 없어질 것입니다

사람 중에는 가족들이 보면
자기의 모습과 재능을 보이기를 부끄러워하는 사람이 있
습니다
반면 더 힘을 얻어 열심히 하게 되는 사람이 있습니다

레슨을 할 때는
가족들이 안 보는 것이 좋습니다

배우는 사람은 자신의 배우는 모습을
다른 사람에게 별로 보이고 싶지 않을 때가 많습니다
아직 스텝이 안되기에 더욱 그러합니다

보는 사람은 선생이 잘 가르치는지 지켜보게 되고
또 잘 배우는지 관심을 갖게 됩니다

레슨에 모든 신경을 써야 하건만
오히려 지켜보는 사람들의 입장을 더 신경 써야 하는 상
황이 벌어질 때가 있습니다
특히 감성이 예민한 청소년들은 더욱 그러합니다
그래서 배움의 시간에는 가족들은 보이지 않는 것이 대체
로 도움이 됩니다

또 다른 경우는 공연입니다
이때는 반대로 가족들이 보는 것이 더욱 힘을 얻게 되어
잘 하게 됩니다

배우는 과정이 아닌 배운 것을 충분히 습득하여
이제는 자랑스럽게 드러내는 시간이기에
최선을 다한 공연이었다면
가족들이 보러 왔다는 것은 큰 기쁨이 되는 것입니다

친지, 친구들도 그런 단계가 있으니
서로들 잘 알아서 처신하면 좋을 것입니다

스텝을 익힌 후 콤비네이션을 하다보면 정말 헷갈린 것이 나오는데
그것이 뭐냐 하면

우리 사람은 일반적으로 걸어갈 때
오른발 다음에 왼발을 걸어 나가는 것이 정상인데

탭댄스를 하면서 걷다보면
오른발을 내딛은 다음 다시 또 오른발을 써야 하는 경우가 있습니다

이것은 특별히 문제가 있는 것은 아닙니다
제대로 주고 받고 걸을 수도 있지만
탭댄스 스텝은 한 발로 계속 때려대면서 걸을 수도 있는 것입니다

이것은 걸음을 걷는 관점에서는 모순이지만
탭댄스로 표현할 때는 스타일이 되는 것입니다

그것은 스텝을 구성하기에 달린 것입니다

안무는 어떻게 하냐고 궁금해 하는 경우도 있습니다

우선 스텝을 익히는 것은 단어를 익히는 것이라 생각하면
됩니다

그 익힌 스텝을 연결시키는 콤비네이션은 숙어라 생각하
면 됩니다

그 콤비네이션이 조금 깊어지면 하나의 틀이 형성되면서
기, 승, 전, 결이 나오게 되고
그때 작품이 만들어 진다고 보면 됩니다

적어도 작품의 단계까지는 가야 안무라 할 수 있습니다

우리 모두가 글을 알고 있다 해서 훌륭한 수필이나 소설
을 쓰는 것은 아니듯
탭댄스를 다 한다해서 모두가 안무를 쉽게 하는 것은 아
닙니다
타장르의 예술도 다 그러합니다

그러나 우리가 어릴 적부터 일기를 쓰고 수필이나 단편글
을 조금씩 쓰듯이
탭댄스의 기본 스텝을 알고 있다면
누구든 간단하고 보기에도 좋은 콤비네이션과 안무는 할
수도 있습니다

그러나 제대로 된 작품은 전문가에게 의뢰하는 게 나은 것입니다

물론입니다

몸이 약한 사람을 발레를 배우게 하여 체력을 보강하는 경우가 있습니다

무용이 보기에는 연약하고 우아하게 폼만 만드는 것 같지만

몸이 강해지지 않으면 절대 그렇게 자세를 만들 수가 없습니다

발레나 탭댄스나 발목이 강해지는데 있어서는 최고입니다

특히 탭댄스는 발목의 힘으로 지탱을 하고

또 발목을 많이 돌려주어야 하기 때문에 두 말할 것도 없습니다

탭댄스는 약한 발목을 튼튼하게 해 주며

보통 발목도 더욱 더 강하게 단련시켜 줍니다

발목 강화를 원한다면 탭댄스는 아주 좋은 효과를 보게 될 것입니다

환경이 갖추어져 있으면 열심히 할 사람이 있습니다
그런데 환경이 안 좋아서 못한다고 합니다
본인이 생각해 온 환상과 직접 부딪혀 본 현실의 갭이 너
무 큰 것인지

차라리 환상이 없이 현실을 접하면서 해 왔던 사람이라면
환상적인 것을 접하게 된다면 더 큰 매력을 얻게 될 것인데

누군가 여건을 갖춰준다면 열심히 할 사람과
여건이 안 되어도 열심히 하는 사람
여건이 되어도 안 하는 사람과
여건을 스스로 만들어 나가는 사람

모든 것은 다 자기 하기 나름이며 마음먹기에 달린 것입
니다

나는 어느 위치에 서 있는지 돌아봐야 합니다
누구 탓할 것 없이, 다른 장르와 비교할 것 없이
문제는 내가 이것을 얼마나 가치 있게 생각하며 투자하고
내 것으로 만들고자 하는데 있으며
그것을 찾아 나가는데 인생의 시간들을 어떻게 쓰고 있느
냐 입니다

정해진 것은 없으니 자기가 수고한대로 얻게 되는 것입니다
수고해도 얻지 못했다면 방법을 달리해 볼 것이요
수고하지도 않았는데 얻었다면

나 대신 누군가 수고한 덕으로 얻은 것이기에 빚을 지는
것입니다

사람은 자기 분복대로 사는 게 행복입니다
더 큰 복을 원하는 사람은 복 받을 자기 상황을 더욱 넓고
크게 갈고 닦아
준비, 예비해 놓아야 하는 것입니다

환경에 패배하지 말고 개척해 나가는 삶이 좋습니다

욕심도 아닌 교만, 만용으로
호리병에 손을 넣어 먹을 것을 잡고서 놓지 않고서 손을
다시 빼려고 하는 원숭이 같이
자기의 수고와 여건은 생각지도 않고 받을 것만 생각하고
있다면
그 어찌 온전한 인생이 되겠는지요

인생의 끝에 결국 다 자기가 행한 대로 받게 됩니다
나는 어떠한 위치와 환경에서 어떻게 이 상황을 바라보고
노력하고 있는지
새삼 깊이 생각해 봐야 할 것입니다

춤을 추는 사람들의 참 묘하고도 설명하기 힘든 그런 아
픔이 있습니다
　여기서는 육신의 아픔만 말하고자 합니다

　춤을 추면서 뿐만 아니라 때로는 그냥 잘못 걷거나 일상
생활을 하다가
　갑자기 몸의 한 부분에 이상이 생겨 아픔이 지속되는 경
우가 있습니다
　무슨 외부의 충격이 가해져 오는 아픔이라면 이해가 되겠
으나
　그렇지 않은 경우에 오는 아픔
　그냥 분석하기에는 아무런 문제될 움직임을 한 것도 아니고
　평소에 하던 대로 했을 뿐인데 계속 통증이 지속되는 경
우입니다
　발목이나 무릎, 골반, 허리, 어깨 등등

　몸의 겹쳐지거나 힘을 빼는 곳에서 가끔 통증을 겪는 사
람들이 있습니다
　이럴 때는 어찌해야 할까요?

　두 가지 방법이 있는데
　우선 한 가지는 그냥 푹 쉬는 것이 답입니다
　또 한 가지는 쉴 상황이 아니라면
　좋은 치료법을 선택하여 조절하면서 일을 해 나가야 합니다

　이런 현상은 갑자기 이유없이 생긴 통증인지라

조금만 조심해 움직이면 순간 씻은 듯 사라집니다

그래도 그런 현상이 일어나게 되는 과정을 본다면
몸이 피곤하거나 컨디션이 나쁠 때
안 좋은 여건에서 연습을 하거나 공연을 하게 되면
몸에 무리가 오게 됩니다

프로라면 환경, 여건에 맞게 자기의 능력을 조절할 수 있
어야 할 것입니다
무조건 전진만 하는 예술 스타일은
겉보기에는 예술적 기질이 뛰어나다고 할 수도 있겠으나
최고를 지향하는 길에서는 위험한 일입니다
자기 몸을 알고 주변 풍세를 살피고 미래를 알고
돌아갈 때와 나아갈 때를 파악해야 할 것입니다

그렇게 하면 이유 없는 아픔은 오지 않게 됩니다
고질적인 아픔으로 몸에 심어지기 전에
아예 조절하여 잘 헤쳐 나가야 합니다

인생은 한 번 뿐이라 돌이킬 수 없으니
꺾인 후 후회하거나 후발 주자들에게 자신의 예술 스타일
을 건네 줄 생각보다는
처음부터 끝까지 자신을 지켜나가도록 해야 합니다

본인도 안 아프고 잘되고 본인에게 배우는 사람도 잘 되면
더욱 춤의 세상이 즐겁고 행복할 것입니다

"탭댄스는 좋으나 가르치는 선생은 별로다"

이것처럼 모순되는 얘기는 또 드물지요
그러나 우리 현실에서는 이런 모습이 많습니다

그 사람이 표현하는 예술이 그 사람과 일치되어 있다면
곧 그 사람 = 그 예술이라는 것입니다
그 예술이 좋다면 그 사람도 좋아해야 하는 것입니다
그 분야의 완성된 자는 곧 그 자신이 그 예술인 것입니다

아직 부족한 나부터 시작해서 다른 수 많은 - 정상을 향해
가는 - 예술가들
아직은 예술 = 내 자신 이라는 타이틀을 내세우기 어려울
수도 있습니다
그러나 완성된 부분은 있다는 것입니다

첫째, 표현하는 자들은 예술 그 자체가 자기가 될 수 있도
록 해야 진정할 것이고
둘째, 배우는 이들은 - 그 장르를 그 선생에게 배운다면,
그 배우는 장르가 정말 좋다면 그 선생이 장르와 일치되
어 있다면
- 그 장르가 좋다면 그 선생도 좋아해야 하는 것입니다

이것이 안 이루어지는 예술계는 갈등을 겪으면서 가게 될
수도 있을 것입니다

찬반양론이 언젠가는 제시될 수도 있겠습니다

댄스가요계는 예전에는 립싱크를 하기도 했습니다

물론 립싱크하는 가수 중 진정 가수라고 할 사람은 많지 않지만

대중들은 그래도 그냥 듣기 좋고 보기 좋으면 그만이니 신경 쓰지 않았었습니다

진정 노래를 하는 이들만이 언더그라운드로 개척하며

자신의 길을 또 만들어 가기도 했습니다

어디든 설 곳은 있는 것입니다

탭댄스의 경우는 이미 영화 '싱인 인 더 레인' 같은 진 켈리가 주연한 모든 영화

그 외에 프레즈 아스테어가 등장하는 탭댄스가 나오는 영화들

미국의 1930년~50년대의 뮤지컬 영화에서의 탭댄스 소리는 거의가 미리 녹음된 것입니다

배우는 그 소리를 맞춰 발을 움직이는 것이지요

발소리가 녹음이 되어 있으면 부담이 덜 되어 편하기는 하겠지만

계속 그 상태가 익숙해지면 실제의 탭댄스 소리는 더 이상 보이지 않을 것입니다

아직 이 단계를 논하기에는 우리나라 여건은 안 되어 있으나

언젠가 탭댄스가 더욱 대중화가 되면 이 문제가 거론될
수도 있을 것입니다

고대 시대에는 육성으로 모든 대중에게 설교를 했고
지금은 시대가 발전되어서 마이크가 개발 되었지요
마이크가 처음 개발되는 시기에는 육성을 변질시켰기에
듣는 사람들을 실망시켰으나
계속 시행착오를 겪으며 이제는 성능 좋은 제품으로 음성
을 똑같이 재생시키듯
탭댄스 소리도 안 들린다 해서 처음에는 녹음을 해서 공
연을 시도할 것이나
나중에는 음향장비들이 좋아져서 라이브로 그냥 할 수 있
을 것입니다

그 때가 되면 보여지는 기교만이 아닌 진정으로 탭댄스를
하는 사람은 귀해질 것입니다
많은 일을 해서 인간문화재가 된다면 더 가치가 있을 것
입니다

신체(특히 발)를 이용하여 사물(바닥 등)간의 접촉을 통해

소리를 이끌어 내며 움직이는 춤

우리나라 가락과 탭댄스의 리듬을 접목시키는 시도
이것 참 매력 있는 작업입니다
빠르고 원시적이며 현란하고 경쾌한 움직임과 소리를 지
닌 사물놀이와 탭댄스

아이리쉬 탭댄스가 전통 아일랜드 춤과 탭댄스를 접목시
킨 스타일인데
우리나라도 전통 한국 춤사위 + 사물가락 + 탭댄스를 만
들어
세계 시장에 드러낼 수 있습니다
리듬탭 장르라면 사물가락과 충분히 조화를 이룰 수 있습
니다

그러나 아쉽게도 아직 크게 보급이 제대로 안된 우리나라
탭댄스 현실입니다
뿌리가 깊지 못하니 큰 열매는 아직 기대할 수가 없습니다

재즈음악과 사물놀이를 접목시키는 작업은 이미 많이 시
도 되었습니다
그것은 재즈음악이 대중성으로 자리를 잡았고
마니아들이 직업의식을 지니고 살아가고 있기에 가능한
것입니다
그러면서 또 재즈음악 그 나름대로의 독자성을 그대로 지
니고 있습니다

탭댄스도 처음에는 생소하니까 뿌리도 내리기전에 눈요기와 호기심을 충족시키기 위해

사물놀이와 하나 되는 작업을 먼저 하자고 나왔던 적이 있습니다

그러나 그 작업은 진정 탭댄스를 위한 것은 될 수 없고

사물놀이의 재미도 깨뜨리는 것이 될 수도 있습니다

시대가 빨리 변해가기에 변화에 맞춰 다양하게 시도는 하지만

그런 시도에 앞서 우선 중요한 것은

탭댄스가 뿌리내리는 작업이 있어야 할 것입니다

언제쯤 한국적인 탭댄스 장르가 멋지게 빛을 발하게 될지 기대해 봅니다

실력이 낮은 사람은 어쩔 수 없지만
이미 프로급의 실력이 되어있는 사람은 몸 푸는 방법부터
가 다릅니다

레벨이 낮을 때는 낮은 단계의 스텝을 가지고 움직이는
것이 좋고
높은 단계에서는 난이도를 높여서 해 나가야 실력이 유지
되고 향상 됩니다

수준 낮은 사람이 고난이로 몸을 풀면 아예 질려서 하지
를 못하고
수준 높은 사람이 매일 생기초만 하고 있으면 그것도 참
곤욕이 됩니다

그러니 프로의식이 있는 사람은 늘 그 수준의 실력을 유
지하기 위해 노력할 것이며
아직 부족한 사람은 계속 난이도를 높이는 연습을 하여
빨리 성장해야 합니다

그런데 가르치는 것이 더 어렵고 중요한 이유는
선생은 이 모든 것을 다 알고 자기가 실력이 좋아도
배우는 이를 위해 낮은 단계의 스텝을 계속 보여주며 업
고 올라가야 하는 것입니다
그러니 누가 선생 노릇을 쉽게 하겠는지요?

나도 안 되는 것을 너는 해라는 식의 교육은 얼마나 모순
이겠습니까?

시범을 보인다는 것
그것도 수준이 높아 이미 개구리가 되어 뒷다리가 다 있
는 존재에게
올챙이의 모습을 보이며 배우도록 헤엄쳐 보여주어야 하니
그 얼마나 힘겨운 일이 되겠는지요

그래도 인간은 그것이 다 가능한 존재이니 참으로 놀라운
만물의 영장인 것입니다

처음에는 기초스텝을 익힙니다

그 다음 그것을 가지고 응용을 합니다

그 다음에는 콤비네이션도 연습을 해 봅니다

그 다음에는 작품을 습득해 나갑니다

이 작품의 단계에서 실력은 부쩍 향상이 됩니다

새로운 작품에는 새로운 스텝이 나옵니다
그것을 습득해 가면서 자기의 기량이 같이 향상 됩니다

그 다음 단계는 창작의 단계

새로운 발 스텝을 연구하여 도전하는 것입니다

이 과정들을 겪으며 얼렁뚱땅 넘어가지 않는다면

실력은 계속 향상될 것입니다

뒷굽(Heeldrop, 힐드롭)을 놓을 때 소리가 안 난다면
그냥 놓아도 되지 않는가 하고 생각할 수 있을 것입니다

물론 소리가 안 난다면 들고 있는 것보다
뒷굽을 바닥에 놓는 것이 훨씬 힘이 덜 들게 됩니다

그러나 문제는 뒷굽이 바닥에 닿게 되면
첫째 자세가 흐트러지고
둘째 순발력이 떨어지게 됩니다

그런 장단점이 있으니 그것을 잘 활용하여 쓰도록 하면
됩니다

뒷굽 활용

연습하다보면 계속 알게 되겠지만 무한히 연구할 게 많은
부분입니다

20세기 초기의 탭댄스에서는
뒷굽이 없는 상태에서 발가락만으로 했던 시절도 있었다
합니다

뒷굽을 사용하게 되면서부터 탭댄스 소리가 더욱 다양해
졌음은 명백하다 하겠습니다

초등학교 4학년 학생 총 36명
4개의 반에서 뽑은 남녀 아이들

그 날은 Scuffle Stomp를 가르치는데 자꾸 리듬이 깨지거나 빨라집니다
각 반 별로 번갈아 가며 시키는데 잘 되는 반은 앉아서 쉬게 했고
안되는 반은 급기야 벌을 줍니다
4개 반이 다 돌 때까지

그렇게 벌도 받고 있다가 다시 순서가 와서 정신 차리고 잘 하면 풀어줍니다
그래도 8명의 남녀 아이들이 잘되는 이가 있고
안되는 이가 있으니 결국 또 벌을 받고
과반수 이상이 엉망이면 그렇게 혼나는 겁니다

그러다가 잘 되는 반 중에서 자원하는 아이 한 명을 뽑아
못하는 반에 원정을 보내서 같이 하게 합니다
그 학생이 들어가서 하는데도 못하면 그 학생도 같이 벌 받습니다
같은 반 학생이 다른 반이 못해서 벌을 받으니
그를 구하기 위해 자원하는 학생이 있다면 나와서 혼자 해 보라 시킵니다
다른 친구들이 '못하면 어찌되나요?' 묻기에
'못하면 같이 가서 벌 받는거지' 그랬더니 아무도 안 나오려 합니다

벌 받는 아이는 살려달라고 친구들에게 호소하는데

그래도 애들은 그냥 그러고 있으라고 킥킥 거리며 아무도 안 나옵니다

아이들 생각으로는 괜히 나서서 벌 받는다고 생각하겠지만

훗날 그렇게 도전적으로 나서서 했던 아이는 실수를 해서 벌을 받더라도

뭔가 다른 모습으로 성장되어 있을 것입니다

실패를 두려워하지 않고 도전하는 순수한 정신을 지녔기에 그렇습니다

결국 모든 수업은 잘 정리가 됩니다

즐겁게 배우며 심성과 도전의식도 키워가는 '탭댄스 게임' 방식의 수업입니다

간혹 말하기를 대중들이 원하지 않아서
작품을 내키는 대로만 만들 수는 없다고 얘기하는 각 분
야의 장르가 있습니다
이것도 맞는 얘기입니다

예술 무용은 수준이 높아 일반적인 대중은 기피하고
일부 지식인들은 교양을 위해 접하는 경우가 있습니다
솔직히 클래식 장르를 좋아하는 사람은 지식계층이 많고
대중 장르는 일반인들이 많이 선호하고 있습니다

어떤 기획을 하는 사람 중에는
재밌고 눈에 끌리는 작품을 대중들이 선호한다고 하기도
합니다
그 속에는 예술성은 약간은 배제하고 있는 것입니다
그리고 공연자는 때론 그런 기획자를 탓하기도 합니다

그러면 대중들의 생각은 어떠할까요?
대중들은 처음에는 눈에 끌리고 재미있는 것을 원합니다
그러나 그것으로 계속 끝나는 것을 바라지만은 않습니다
무언가 보고 난 후 의미 있게 남는 것이 있었다는 삶의 기
억을 소중히 합니다

이 세 분류의 사람들(기획자, 공연자, 대중)
모두가 서로 자기의 입장이 있습니다

기획자는 자기도 다양하게 만들고 싶으나 여건이 안 좋고
자본이 딸려

그냥 사람들을 끄는 기획을 할 수 밖에 없다고 말하기도 합니다

공연자도 작품세계를 추구하고 싶지만
그렇게만 하면 현실적인 한계에 부딪혀 대중과 기획에 맞춘다고 하기도 합니다

대중들은 때론 그냥 보고 삶에 지친 피로를 풀었으면 좋겠다고 하기도 합니다

이 모두가 각자 자신의 입장에서 바라보는 관점입니다
조금 여유롭게 바라볼 수준이 되려면 상황들이 좋아져야 합니다

눈앞의 현실에 맞물려서 맞춰가는 것은 제자리 걸음일 뿐
늘 생활 가운데 노력하며, 연구하고 미래를 바라보며
장기적인 안목으로 자기의 일을 꾸준히 해 나가야 할 것입니다
그럴 때 모두의 수준은 향상될 것이라 기대해 봅니다

플라멩코를 보면 발로 바닥을 두드리며 소리를 만들어 내는 춤이 있습니다
이것도 하나의 탭댄스 장르와 비슷합니다

원래 그쪽 계통에서는 '지그댄스'식의 이런 발리듬의 춤이
이미 나름대로 독자적으로 존재하고 있었으니까요

탭댄스는 거기에다가 징을 박아 넣어 더욱 소리를 중심으로 움직여가며
춤도 다양하게 선보이게 된 것입니다

처음에는 재즈댄스에다가 탭댄스 스텝을 넣어서 재즈탭이 된 것이지만
그 전의 흑인들은 그렇게 움직임에 선을 넣는 것에는 신경을 안 썼습니다
발 리듬만 가지고 현란하게 했던 것입니다

재즈탭이 거의 20세기 백인 탭댄스의 리듬을 주도했다면
이제 20세기 후반기부터 흐름이 달라져 격식을 깨는 새로운 탭댄스가 등장하고 있습니다
소위 힙합계열의 막춤 스타일과 탭댄스 소리를 접목시킨 스타일이 유럽계쪽을 강타했습니다
이미 호주의 탭덕스 팀은 2000년 시드니 올림픽 개막식 때 탭댄스를 보여주었습니다
모를 때는 그게 무슨 탭댄스냐 하였으나
이제 너도나도 하면서 많이 접하게 되니까 그제서야 인정하게 됩니다

항상 앞선 자만 짐을 지는 것입니다

탭댄스도 장르가 파괴되면서 새로운 시도가 이루어지고 있습니다
탭트로닉(TapTronic) 이라는 팀은 전통적인 아이리쉬 탭댄스 스타일을 깨고
현대음악에 아이리쉬 탭댄스 스타일을 변형시켜 멋지게 표현을 하였습니다

이처럼 새로운 스타일을 추구하는 사람들은
핵심은 발로 바닥, 표면 등을 마찰시키며
그 나머지는 다양한 장르를 접목시킬 것입니다

모방이 끝났다면 이제는 연구하고 때론 앞서가야 합니다

우리도 사물 가락에 우리 전통 의상을 개량해서 탭댄스와의 접목을 할 수 있습니다
모든 흐름은 다 때가 있는 것입니다

연구하지 않는 사람은 뒤처지게 마련인 것입니다

탭댄스는 연주와 반주 둘 다 가능합니다

음악이 없는 무반주 탭댄스는 그 자체가 곧 연주가 되며
여럿이 할 때면 메인이 되는 사람은 연주를 하고
코러스로 다른 사람은 반주를 넣어 줄 수 있습니다

음악이 있는 경우는 그 리듬에 맞게 같이 연주로 화음을
맞추기도 하고
반주로 여흥을 돋울 수도 있습니다

탭댄스 소리 자체가 좋은 악기가 됩니다

드럼을 하는 사람은 연관을 많이 느낄 것입니다

드럼은 손으로 탭댄스는 발로

같은 리듬의 길을 가고 있는 것입니다

Scuffle(스커플)을 할 때 특히 느끼게 되는 것인데

느리게 할 때는 별다름 감을 못 느낄 것입니다

그러나 스텝 리듬이 빨라지면서부터는

발등 근육의 아픔과 함께 발달됨을 느끼게 됩니다

그로 인해 발이 만들어지면

그 때부터 리듬에 속도가 붙게 됩니다

순간 영감이 와서 리듬과 동작을 만들어 냅니다
너무 쉽게 되어서 수준이 낮은 것이 아닌가 생각이 들 때
가 있습니다
그러나 그것을 다른 사람이 하는 것을 볼 때 스텝의 수준
을 보게 됩니다

처음의 영감이 그대로 이어지는 경우도 어렵습니다
한 번 잃어버리면 그것 또한 다시 돌아오지 않습니다
다시 어렵게 구상해서 만들어 봐도 좋은 스텝이 아닌 경
우도 있습니다

영감, 감각이 좋을 때는 짧은 순간에 마구 작품이 쏟아져
나옵니다
그럴 때 영상으로 찍어두면 대단히 좋은 자료가 됩니다

내가 쉽다고 다른 사람도 쉬운 것은 아닌 경우를 봤습니다
그리고 내 발의 감각은 잘 되어도 다른 사람은 쉽게 못하
는 것도 보았습니다

반면 새롭게 만든 스텝도 순간 되다가도
다시 반복 할 때는 감각이 달라져
다시 익히기 위해 몸부림을 쳐야 할 때도 있습니다

순간 된 스텝은 감추어진 능력이고

평소의 실력은 아직 덜 닦여진 것이라 만들어야 하는 것
이니

미친 예술이 때론 가장 극적인 이유는
자신을 비우고(잃고) 모든 걸 던질 수 있기 때문일 것입니다

작품은 그렇게 나를 비웠을 때 가장 극적으로 드러납니다
그런 것은 흔치 않으니 육신의 한계 이상의 것인가 봅니다

좋은 작품은 좋은 실력 위에서 이루어집니다

처음 기초 스텝을 쓰는 법을 알려주었다면
발 모양이 안 나오더라도 그 다음 단계의 콤비네이션을
가르쳐 보면
배우는 사람의 특성에 따라 크게 두 부류로 나누어지게
됩니다

한 부류는 재미를 느끼고 안되더라도 더 열심히 하며
돌아가서도 연습을 틈틈이 하는 사람
또 한 부류는 그냥 기초 스텝을 더 했으면 하는 사람
크게 이렇게 두 부류로 볼 수 있습니다

제일 좋은 방법은 개인 레슨으로
본인에게 맞춰가며 서로 조절하는 것이 좋을 것입니다

지도자는 앞에서 무조건 시키기만 한 후 따라하라고 하는
방법이 아닌
배우는 사람의 특성, 익히는 스타일을 빨리 파악하여 그
에 맞게 지도한다면
좋은 수업이 될 것입니다

사람을 가르친다는 게 쉽겠습니까?
단순한 레슨이 아닌 자신의 기술을 전수해 주는 것입니다
정성과 열성이 없다면 좋은 결과를 기대할 수는 없을 것
입니다

이 현상은 그룹으로 할 때 정말 괴롭게 하는 것입니다

나는 정박으로 잘 맞춰가는데 주변 사람들이 리듬이 빨라지는게 들리면 괴롭게 되는 것입니다

그래도 본인이 리듬 속도를 맞춰서 정박으로 잘 나가면서 이끌면

결국 다 본 리듬으로 돌아옵니다

절대 리듬감을 갖고 있는 사람이 끝까지 정박을 지키면 다른 사람들도 따라오게 됩니다

리듬이 빨라지는 이유는 다른 사람들이 빨라지는데 나만 느리게하면 틀릴 것 같아

여럿을 생각하는 마음에 빨라지는 것입니다

이걸 제대로 하려면 듣는 훈련부터해서 마음과 정신력도 함께 키워야 할 것입니다

모든 단계를 다 겪게 할 필요는 없습니다
이 시대에 맞게 가르치면 되는 것입니다
옛날 것만이 아닌 최신 유행과 시대를 앞서가는 탭댄스를
해야 합니다
빠르고도 섬세하고 현란하면서도 짜임새 있고
테크닉적이면서도 황홀한 탭댄스로

실력향상은 교육법에 달렸습니다
탭댄스 교육도 영재 교육법으로 뛰어난 습득력을 지닌 사
람에게는
빨리 더 새롭게 향상된 스텝을 연마시켜야 합니다
그래야 또 연구할 과제가 나와 계속 앞서가게 됩니다

옛 스텝도 다 써먹지도 못하고 있으니 새로운 스텝이 나
오는게 늦습니다
모두의 수준을 더 업그레이드 시켜야 합니다

똑같은 기초반도 레벨을 높여야 합니다
처음 배우는 사람의 정신 자세는 다 같을 터이니
그 때 아예 수준을 높여 이끄는 것입니다

생판 시골 촌사람이 처음 중심도시에 와서 접하게 되는
게 어떤 일이든
그것이 천직이 되는 수가 있을 때

기왕이면 좋은 것을 선택하는 것이 낫듯이

생판 처음 탭댄스를 접하는 사람에게 아예 교육의 질을
높여 이끌어 주는게

탭댄스 발전에 더 효과가 있습니다

왜 자꾸 스텝은 되는데 리듬은 안 나오는 것일까? 로 연습에 골몰하는 사람

안되는 이유는 아직 그 스텝에 몸이 끌려다니기 때문입니다

스텝을 익히는 단계가 탭이라면

이제 춤을 추어야 하지 않겠는지요

'댄스'를 하라는 것입니다

스텝을 완전 마스터가 되어 자유로와진 다음

댄스의 단계로 가서 마음껏 움직이는 정도가 되면

그때서야 그 문제가 풀린다는 것입니다

오랜 경륜과 땀 속에 이루어지는 성과를

순간 안 된다고 낙심만 하고 있으면 얻을 수가 없습니다

오늘도 열심히

뛸 수 있는 곳에 있다면

언젠가는 완성됩니다

탭댄스를 하다보면 적으면서 익히는 사람이 있습니다

이는 남보다 앞서가는 사람입니다

어떤 사람은 적고 싶어도 배우는 리듬을 깰까봐 못 적다가 끝난 후 적는 사람이 있고
선생과 얘기가 잘 된 사람은 배우는 즉시 적으며 혼자 연습할 준비를 합니다
적는 것도 관계성에 따라 다양해지기도 합니다

반면 귀찮아서 안 적다가 잊어버린 후 다시 헤매는 사람도 있고
그것도 아니고 그냥 기억에 두었다가 나중에 연습하는 사람도 있습니다
제일 좋은 것은 머릿속에, 몸속으로 기억해 두었다가 하는 것이 최고입니다

우리 인간의 기억력은 한계가 있고 망각하게 되니
기록의 필요성은 더욱 절실하며
기록으로 인해 역사가 보존되는 것입니다

적는 것보다 더 좋은 방법은 영상으로 남겨놓은 것입니다
춤은 보여주는 것이 크니까요

기록을 못하는 사람의 심리도 각각이겠지만
기록의 습관은 좋은 것이며 꼭 필요한 것입니다

재즈댄스나 다른 움직임이 있는 타장르의 춤들은

음악을 틀어놓고 눈을 감아 그 동안의 동작을 이미지로 그려보면 다 나옵니다

그렇게 나오면 절대 순서를 까먹거나 공연할 때나 무대에서 실수하지 않습니다

그러나 탭댄스는 빠른 리듬에서는 이미지로 영상이 잘 나오지가 않습니다

한 번 발이 움직일 때 소리가 여러번 마구 나오니까요

눈으로 보이는 것보다 더 많은 리듬이 있는 것이니

이미지나 영상으로 그리기가 어렵다는 것입니다

그러니 이런 상황을 알고 이미지 트레이닝을 할 때는

참고해서 하면 좋을 것입니다

최신 유행하는 흑인들의 탭댄스나 아이리쉬 탭댄스
그리고 탭덕스 스타일과 탭트로닉의 스타일을 보는
신세대격의 탭댄스를 꿈꾸는 사람들

그들 중 누군가는 '재즈탭은 옛것이라 너무 구식이다' 라
고 생각할지도 모릅니다
좀 올드한 맛이 드러나는 장면들이 많이 있기에 더욱 그
러합니다

그러나 그런 생각을 하게 되는 것은
아직 탭댄스 스타일에 대한 다방면의 이해가 열려있지 않
기 때문에 그러는 것입니다

그리고 봐왔던 것이 영화 속의 탭댄스나 자료들을 보고
뮤지컬에 나오는 탭댄스를 보고 재즈탭은 구식이라 생각
할 수도 있습니다

하지만 그건 큰 오해를 하는 것입니다
개인 기량이 뛰어났던 수많은 재즈탭을 했던
뮤지컬이나 영화속의 탭댄서들(진 켈리, 프레즈 아스테
어, 진저 로저스, 엘리노어 파웰 등)
이들의 탭댄스 하는 모습들 지켜보고 있게 되면
그들의 발놀림은 재즈탭을 벗어난 창작과 현란함의 기법
을 다 발휘하고 있음을 알게 됩니다

탭댄스는 구식, 신식이 없습니다
언제나 소리가 경쾌하게 들리면서 움직이고
신나게 흥겹게 즐겁게 두드리면서 하면 되는 것입니다

경계를 딱 나누어서 분류하는 하는 것도 이론상 일뿐
탭댄스를 하는 사람들은 모두 리듬속에 하나라는 것입니다

최고의 탭댄서는 그 모든 것을 다 압니다

전성기 때 많은 연구와 발전이 일어나게 됩니다
우리나라에도 탭댄스의 전성기가 도래할 수 있을 것입니다

팔을 쓰는 것은 처음 배우는 사람에게는 참 어려운 과정이 아닐 수 없습니다

발 스텝 신경 쓰기도 정신없는데 팔동작까지 같이 해야 하니

탭댄스가 더욱 어렵게 느껴지게 됩니다

그러니 기초를 할 때는 아예 팔동작은 생략하고 하는 것이 낫습니다

나중에 기초가 이해되고 이제 발놀림이 편해지게 되면

그 때 팔동작도 신경써서 해 준다면 큰 무리가 없을 것입니다

조급하게 발스텝과 팔동작을 동시에 하려고 하니 질리게 되는 것입니다

재즈탭에서는 팔동작은 기본이니 꼭 익혀 두어야 하고

리듬탭은 상대적으로 자유로우니 그리 크게 신경 안쓰고

팔이 흐르는 대로 저절로 내버려 두면 되고

펑키계열로 들어가면 팔동작도 하나의 제스츄어가 된다는 것을 참고하고

리듬을 구사해야 할 것입니다

팔은 관객들의 시선을 잡고 동작을 더욱 화려하게 만드는 요소이니

소홀히 해서는 안됩니다

그러나 처음 기초 할 때부터 너무 팔을 동시에 맞추려 하
는 것은
그리 좋은 패턴은 아닙니다

긴머리가 있으면 다양하게 헤어스타일을 표현하게 되듯
팔을 자유롭게 쓰면서 리듬을 구사하게 되면
그만큼 더 다양한 작품 세계를 펼쳐 보일 수 있게 됩니다

팔을 같이 쓰면 두뇌 계발에도 도움이 된다는 사실

요즘 초,중,고등학교 내에 방과 후 활동이나 특별활동 시간에
　춤을 배우는 학교가 부쩍 늘어나게 되었습니다
　예전에는 그런 춤을 하는 학교는 앞서가는 학교라 인식되었는데
　요즘은 춤으로 특기 특활이 없는 곳은 학생들의 원성을 사는 경우가 있는가 봅니다
　예전에야 한국무용이나 발레만이 학교에서 국한되어 있었으나
　요즘은 재즈나 힙합 등 다양하게 시도하고 있는 상황입니다

　탭댄스도 자연스럽게 원하는 곳은 이 학교 저 학교 특별활동으로 개설을 하고 있습니다
　지금은 보급단계이기도 하니
　열심히 탭댄스를 연마하는 사람들은 나중에 활동무대가 많아질 것입니다

　시작은 미약하게 조금씩 열어가고 있어도
　이게 한 번 붐을 타면 금방 누구 가릴 것 있냐는 듯이 마구 나서서 하게 될 것입니다
　그 때부터 논란도 많고 시기, 오해도 있겠지만
　또 그때부터 우리나라 탭댄스의 본격적인 발전도 이루어지게 될 것입니다
　누가 먼저 나서서 앞서가느냐 입니다

또 어느 단체에서 먼저 시작하는가이고

학교가 먼저 할 것인지 아니면 청소년 단체가 먼저 할 것
인지
공립학교 보다는 사립학교가 유리할 수도 있습니다
그리고 지도층의 사람들이 인식이 깨어있어야 하는 것입
니다

그리고 탭댄스 강사의 실력이 또 중요합니다
진짜 전문 강사가 초빙되느냐
아니면 그냥 일반적으로 특기로 좀 하는 강사가 초빙되느
냐에 따라
배우는 사람들의 실력도 달라지게 됩니다
아직 전문적인 탭댄스는 분야가 무한하니
언제라도 특기로 연마해서 진출해 볼 수 있습니다

한 번 바람 타면 증폭되어 증가하게 되니
언젠가는 크게 바람이 한 번 일어나기를 기대해 봅니다

첫째, 힘있게 바닥을 때려야 합니다

둘째, 정확하게 때려야 합니다

셋째, 바닥이 좋아야 합니다

이 세 가지가 잘 갖춰지면 됩니다

알지만 안 된다면 하루에 꼭 10분에서 30분씩이라도

한 달만 해 본 다음 다시 체크해 보면

달라진 모습이 비교될 것입니다

탭댄스를 취미로 배우는 사람들의 세계

자신들의 틀에 박힌 일상의 모습과는 달리
약간의 환상이 섞인 즐거운 탭댄스의 세계를 꿈꿉니다

남들 앞에서 탭댄스를 하고 있다는 것
내게 이런 색다른 취미활동이 있어 나를 발전시키고 있다
는 것
일종의 자기계발과 성취의 감정이 있는 것입니다

스타의 머리 모양이나 패션 스타일을 모방하는 대중처럼
자신도 탭댄스를 해 보면서 평소와는 다른 삶의 방식을
느껴보고자 하는 것이 있습니다

취미를 추구하는 모든 이들은 이런 심리가 있는 것입니다
거기서 더 발전되면 돈과 시간을 더 들여서 전문가적인
기술을 익히고 싶어집니다
하나의 기술로서 자기 삶속에 간직하며 좀 더 알차게 인
생을 펼쳐 나가는 것이지요

이 얼마나 건전하고 살맛나는 인생인가요
그러니 전문으로 탭댄스를 하는 사람들만이 다가 아닌
각 문화센타가 동호회에서도 무언가를 추구하는 사람들은
재미도 있지만 더 깊은 자신을 만들고자 하는 의지가 있
다는 것을 알아야 합니다

흐름은 달라도 탭댄스가 결국 대중화와 예술화를 이뤄나가는 과정일진데

즐거운 맘으로 계속 성실히 열심히 해나가야 합니다

이 질문은 탭댄스 하는 사람들이 늘 신경을 쓰는 부분입니다

다른 사람들이 나의 탭댄스 하는 모습을 보며
어떻게 생각할까 걱정을 하는 마음도 있습니다

여러 사람이 있기에 사람마다 바라보는 관점은 다 틀릴 것입니다
전문가가 보는 것이 다르고, 일반 대중이 보는 것이 또 다릅니다
그러나 한 가지 분명한 것은
본인 스스로 느끼는 그것을 보는 이들도 비슷하게 느낀다는 것입니다

예로 본인이 몸이 무겁게 느껴지면서 스텝을 구사하면 보는 이들도 무겁게 보이게 됩니다
또 본인이 어색하게 표현하면 보는 사람도 어색함을 느끼게 되고
본인이 시원스럽게 잘 되었다고 느낀다면 보는 이도 똑같은 시원함을 느끼게 될 것입니다
이것이 제일 보편적인 모습입니다

거기서 더 나아가 연기를 능숙하게 하는 사람이라면
실수한 것도 드러내지 않고 마무리를 잘하여 보는 사람으로 하여금

그 부분이 실수였다는 것을 모르게 할 수도 있습니다

그러니 자신이 만족할 정도로 갈고 닦으면서
자기 실력을 스스로 체크해 볼 줄 아는 눈을 키워나가는
것이 좋습니다

탭댄스를 빨리 익히는 방법이라면

다른 무용을 예로 한 번 들어봅니다
발레를 빨리 익히는 방법은 무엇일까요?

첫째로는 교육법일 것입니다
배우는 이들의 레벨이 비슷하다면
어떻게 지도하느냐에 따라 습득정도가 달라지게 됩니다
옛날 우리 나라 발레는 외국에 비해 수준이 낮았지만
다양한 교육법을 통한 실력향상이 이루어지면서
이제는 국제적으로도 인정받을 정도의 수준으로 올라서
한국 발레의 위상도 높습니다

둘째는 배우는 환경입니다
훌륭한 교육법이 있어도 가르칠 여건이 안 되어 있는 환
경이라면
제대로 교육이 될 수가 없습니다
열악한 환경에서 크게 성공하는 사람이 있기는 하지만
이것은 마지막 세 번째 사항이라 할 수 있겠습니다

셋째는 배우는 사람이 얼마나 열정을 가지고
노력을 하느냐에 따라 달라지는 것입니다

그러면 탭댄스를 빨리 익히는 방법은 결국 어찌해야 하는
가요?

영재 교육은 따로 시키듯
특출나게 잘하는 감각이 있는 사람은 따로 뽑아서
특별 교육을 할 수 있는 환경을 만들어 주어
탭댄스에 전념하며 즐길 수 있게 해 주고
배우는 사람도 열정을 지니고 열심히 노력하면 되는 것입
니다

이 말은 참 쉽습니다
그러나 이 삼박자를 맞춰서 노력하며 가는 길은 쉽지 않
은 길이 되기도 합니다

대부분 사람들은 음악이 있는 흥겨운 탭댄스를 보고 좋아
합니다

음악은 탭댄스 소리의 조화와 흥겨움을 주는 것이기에 그
런 것 같습니다

그게 가장 무난합니다

음악이 있는 탭댄스의 장점은 조화로움에 있는 것이고

어려움이라고 한다면 음악 박자와 맞춰가며 해야 한다는
것입니다

수준이 높은 사람이야 상관없지만 초급 수준에서 노력하
는 사람들은

박자를 맞춰서 두들기는 것도 참 어려운 부분입니다

음악이 없는 탭댄스는 여러모로 장단점이 있습니다

단점이라면 자기 소리가 그대로 전달되기에

실수를 하면 바로 드러난다는 것입니다

그것이 뒤집어져 장점이 되면

오직 소리가 제대로 전달이 되어 효과가 더 나는 것입니다

게다가 아무 소리도 없는 곳에

오직 탭소리 만으로 승부를 걸어야 하니

어찌보면 더 어렵다고 하겠지만

때로는 더 매력이 있습니다

한 마디로 사람을 만나고 헤어질 때

몸짓을 먼저 하느냐 말을 먼저 하느냐의 차이라 하겠습니다
음악이 있고 없고는
그 날 분위기와 기분에 따라
또 상대성의 의해 달라지는 것 같습니다

환경이란 얼마나 중요한 것인지

좋은 환경이란 좋은 연습실을 말함과 동시에
더욱 큰 것은 그곳에서 연습을 하는 사람들의 분위기입니다

탭댄스를 배워 자기의 꿈에 접목을 시키고자 하는 사람들은
연습실에 오면 집중하여 자기 부족한 부분을 스텝으로 채
워 나갑니다
열심히 두드리며 자기를 연마하는 것입니다

그런 분위기가 연습실에 가득하게 되면
자연히 멍하니 있는 사람도 함께 어울려 스텝을 같이 하
게 됩니다
그러다보면 자연스럽게 탭댄스로 연구하고 얘기하게 되
어 실력이 향상됩니다
이것이 가장 중요한 환경입니다

어느 곳이든 이 열기가 채워져 있는 곳은 활기찬 분위기
가 흐릅니다
이 환경은 가르치는 사람도 중요하지만
배우는 사람 또한 부지런히 꾸려나가야 합니다

남의 눈치를 보며 자신을 깎아내리는 사람은 결코 성공할
수 없습니다

자신 있게 자기의 수고와 땀방울을 선보이며
자신을 만들어 나가야 합니다

환경이 되어 있으면 그 득을 많이 보게 됩니다
그러니 어디에서든 그런 환경을 같이 만들어 나가야 합니다

이 글은 어릴 때부터 탭댄스를 배우는 것과
커서 배우는 것과의 차이를 말하는 것입니다

어릴 때부터 탭댄스를 배우면
근육과 뼈가 탭댄스에 잘 맞게 형성되면서 익혀지기에
발에 기본이 확실히 잡힙니다
그러나 커서 배우게 되면
이미 근육과 뼈의 형태는 형성되어 있게 되니
당연히 익숙해지는데 시간이 더 걸릴뿐더러
근육 또한 탭댄스를 위해 완벽하게 만들어지기는 어렵습니다

쉽게 예를 들어
어릴 때부터 배운 사람이 일 주일 쉬었다가 탭댄스를 다
시 하면
10분 정도에 발이 풀린다고 보면
컸을 때 배운 사람은 일 주일을 쉬면
한 두 시간은 해야 발이 풀리는 것입니다

조기 교육의 효과는 엄청난 차이를 줍니다

아이들이 탭댄스를 배울 때는 흥미위주도 좋지만
탭댄스를 꿈으로 간직하고 싶은 사람이라면 기본을 확실
히 연마시켜
아예 탭댄스에 맞는 몸으로 만들어 나가야 할 것입니다

교육은 확실히 해 나가는 것이 좋습니다

탭댄스를 지도할 때는 반복 연습이 중요합니다

일반 사람들이 탭댄스를 하고자 하는 것은 취미삼아 재미로

그리고 운동이 될 것 같아 하는 경우가 대부분입니다

그런 경우는 진도 나가는 것과 탭댄스 기술을 익히는 것
도 중요하지만

말 그대로 '지겹도록 반복하고 다음 것을 새롭게 배운다'
가 제일 좋은 것입니다

그게 일반적인 교육법입니다

이 반복은 다람쥐 챗바퀴 돌듯이만 형식적으로 하는 것이
아닌

한 번 하더라도 계속 집중하고 더 나아지는 모습으로 해
야 합니다

거기에서 더 나아가 스스로 창조적이고 좀 더 노력하고
관심을 갖는 사람에게는

새로운 기술을 응용하는 수업이 좋은 방법이 될 것입니다

** 100가지 이야기 마침 **